懐かしい、あの駅前風景を空から楽しむ

朝日新聞社機が撮った 総武線、京成線の街と駅【1960～80年代】

総武線全通120周年記念出版!

写真：朝日新聞社
解説：生田 誠

1960年（昭和35年）

駅前からアーケード商店街が延びる新小岩駅南口。

Contents

1章【総武線】
- 東京駅 …… 6
- 新日本橋駅、馬喰町駅 …… 8
- 御茶ノ水駅 …… 10
- 秋葉原駅 …… 12
- 浅草橋駅 …… 14
- 両国駅 …… 16
- 錦糸町駅 …… 18
- 亀戸駅 …… 22
- 越中島支線 …… 24
- 平井駅 …… 26
- 新小岩駅 …… 28
- 小岩駅 …… 30
- 市川駅 …… 36
- 本八幡駅 …… 38
- 下総中山駅 …… 40
- 西船橋駅 …… 42
- 船橋駅 …… 44
- 東船橋駅 …… 46
- 津田沼駅 …… 48
- 幕張本郷駅 …… 54
- 幕張駅 …… 56
- 新検見川駅 …… 58
- 稲毛駅 …… 60
- 西千葉駅 …… 62
- 千葉駅 …… 64
- 都賀駅 …… 74
- 四街道駅 …… 76
- 銚子駅 …… 78

2章【京成線】
- 京成上野駅 …… 82
- 日暮里駅 …… 86
- 千住大橋駅 …… 88
- 押上駅 …… 90
- 京成立石駅 …… 94
- 青砥駅 …… 96
- 京成高砂駅 …… 98
- 柴又駅 …… 100
- 京成船橋駅 …… 104
- 谷津駅 …… 106
- 京成津田沼駅 …… 108
- 八千代台駅 …… 110
- 勝田台駅 …… 112
- ユーカリが丘駅 …… 114
- 京成臼井駅 …… 116
- 京成成田駅 …… 118
- 成田空港駅 …… 120
- 新鎌ケ谷駅 …… 122
- 千葉ニュータウン中央駅 …… 124

祝 総武本線東京-両国間貫通!!

総武線(快速)が念願の東京駅乗り入れ実現へ。地下路線の貫通を記念して、関係者が集って、テープカットとくす玉割りが行われた。

まえがき

　太平洋に向かって開かれた総武鉄道の銚子駅が開業したのは1897（明治30）年6月。今年は、東京と千葉、銚子を結ぶ、現在の総武線が全通してから、ちょうど120年が経過したこととなる。明治、大正、昭和、平成と、時代は変遷し、沿線の駅と街の姿も大きく変わった。首都・東京はもちろんのこと、市川、船橋、習志野（津田沼）、印西など広い県域をもつ千葉でも、その変化の幅は著しい。

　この本では現在の姿に変化する前、昭和の総武線、京成線の沿線の姿を、朝日新聞社の航空機から撮影した写真を中心にして、振り返るものである。主体は1960年代から80年代のいわゆる空撮写真だが、撮影のアングルや高さはバラエティーにあふれ、地上の駅や街並み、建物はさまざまな形、大きさで、私たちの前に提示される。そこには驚きがあり、懐かしさや愉快さが湧いてくるものもある。残された写真は貴重であり、厳選され質も高い。従来の写真集、鉄道書籍とはまた違った趣を味わっていただき、この世界に興味を持っていただければ、幸いである。

2017年5月　生田 誠

両国駅は1904年4月に総武鉄道のターミナル駅として開業。上野駅に似た威風堂々とした駅舎を構え、頭端式の地平ホームから「犬吠」の気動車など数々の優等列車が発着した。

1章 総武線

- 東京駅
- 新日本橋駅
- 馬喰町駅
- 御茶ノ水駅
- 秋葉原駅
- 浅草橋駅
- 両国駅
- 錦糸町駅
- 亀戸駅
- 越中島支線
- 平井駅
- 新小岩駅
- 小岩駅
- 市川駅
- 本八幡駅
- 下総中山駅
- 西船橋駅
- 船橋駅
- 東船橋駅
- 津田沼駅
- 幕張本郷駅
- 幕張駅
- 新検見川駅
- 稲毛駅
- 西千葉駅
- 千葉駅
- 都賀駅
- 四街道駅
- 銚子駅

1968年（昭和43年）

撮影・伊藤威信

丸の内側地下に総武快速線ホーム

東京駅

開業年：1914（大正3）年12月20日
(総武地下：1972（昭和47）年7月15日)（京葉地下：1990（平成2）年3月10日）
所在地：千代田区丸の内1－9－1　路線距離：0.0km（東京起点）
乗車人数：434,633人　駅構造：高架駅・地下駅　ホーム：総武地下：2面4線

現在

1914年の開業時の姿に復原された東京駅丸の内口。

　現在の総武線（快速）列車は、横須賀線との相互直通運転が行われる形で、この東京駅の丸の内側にある総武地下ホーム1～4番線から発着している。一方、総武線（各駅停車）列車はこの東京駅を通らず、快速・各駅停車の乗り換えには、錦糸町駅を利用することとなる。このように東京駅は、総武線（快速）の始発駅であるものの、総武線の乗り入れは歴史的には新しく、1972（昭和47）年7月のことである。
　新橋駅（初代、後の汐留駅）に代わる中央停車場として、東京駅が開業したのは1914（大正3）年12月で、名建築家である辰野金吾の設計により、皇居前に堂々たる構えの赤煉瓦造りの駅舎が誕生した。この丸の内駅舎は、第二次世界大戦の戦災で一部被害を受けたが、開業100周年を前にして復原され、首都の表玄関として、観光スポットにもなっている。
　また、当初は八重洲側には出入り口はなく、改札口が設置されたのは1929（昭和4）年のことである。戦後はこの八重洲側が著しく発展し、1964年10月、東海道新幹線の開通が拍車をかけた。1990年3月には京葉線が東京駅への乗り入れを果たし、八重洲口南側に京葉線用地下ホーム1～4番線が誕生している。
　この東京駅の周辺は、日本を代表するオフィス街、ビジネス街であり、八重洲側には大丸東京店が存在する。一方、丸の内側には、駅舎と一体となった東京ステーションホテルのほか、丸の内ビルディング（丸ビル）、丸の内オアゾ、KITTE（東京中央郵便局）などが建っている。

1967年（昭和42年）

丸の内駅舎（旧ドーム屋根）
関東大震災の被害は少なかった東京駅だが、第二次世界大戦の戦災では大きな被害があった。戦後の修復工事では3階部分は取り除いて2階建となり、南北のドーム屋根は台形に変えられていた。

1972年（昭和47年）

内房線を走る特急「さざなみ」、外房線を走る特急「わかしお」は、総武線（快速）が東京駅乗り入れを果たした1972年7月から運転され、10月に「L特急」に指定された。

東京ステーションホテル
東京駅のターミナルホテルとして、戦前には「東京鉄道ホテル」が存在。戦後は「東京ステーションホテル」となった。保存復原工事で一時、営業を休止していたが、その後はラグジュアリーホテルとして営業を再開している。

東京中央郵便局
1931年、東京駅丸の内口の南側駅前に新しい東京中央郵便局が誕生した。逓信省の吉田鉄郎の設計による、モダニズム建築の代表作のひとつで、低層部分は改築後に「KITTE(JPタワー)」の一部として保存されている。

三菱商事ビル
東京駅が開業する前の丸の内周辺は、「三菱が原」と呼ばれた三菱財閥の土地で、三菱1号館などが建てられた後は、洋館が並ぶ「一丁倫敦」と呼ばれた。この当時は三菱商事ビルが建ち、2009年に丸の内パークビルディングに建て替えられた。

地下鉄出入リ口
1956年、営団地下鉄(現・東京メトロ)丸ノ内線が淡路町駅から延伸し、東京駅が誕生。翌年には、西銀座(現・銀座)駅まで延伸している。国鉄の東京駅とは、丸の内口側の地下で接続している。

東京駅で停車しているE217系は成田線直通の快速「エアポート成田」成田空港行きである。鹿島神宮行きや成田行きの列車を併結している運用も1日1本ずつ存在する。

現在

総武快速線には新日本橋、馬喰町駅
新日本橋駅 馬喰町駅

国の重要文化財に指定されている、歴史に包まれた三井本館。

開業年：両駅とも1972（昭和47）年7月15日　所在地：新日本橋➡中央区日本橋室町4-4
馬喰町➡中央区日本橋馬喰町1-11　路線距離：新日本橋➡1.2km、馬喰町➡2.3km
乗車人数：新日本橋➡17,959人、馬喰町➡25,024人
駅構造：両駅とも地下駅　ホーム：両駅とも1面2線

　新日本橋駅は、江戸通り（都道407号）が中央通り（国道17号）、昭和通り（国道4号）と交差する場所の地下に置かれている。駅の開業は、総武快速線の東京・錦糸町間が開業した1972（昭和47）年7月である。「新日本橋」の駅名は、「日本橋」に「新」を冠したものであり、国鉄線に日本橋駅が存在しなかったものの、営団地下鉄（現・東京メトロ）銀座線、東西線に日本橋駅（都営地下鉄は江戸橋駅）があったため、「新日本橋」となった。

　新日本橋駅が存在するのは、中央区日本橋室町4丁目で、中央区の北部分にあり、すぐ北側は千代田区となる。JR駅では、山手線・京浜東北線・中央線の神田駅が近く、中央通りを経由した連絡が可能である。

　この新日本橋駅との距離はわずか1.1km、東京駅との間も2.3kmしか離れていないのが、次の馬喰町駅である。新日本橋駅と同じ1972年7月の開業で、同じ地下駅であり、新日本橋駅よりもさらに深い（海抜マイナス30.5m）地下に位置する。

　馬喰町駅は、中央区日本橋馬喰町1丁目に存在し、清洲橋通り（都道474号）の地下を走る都営地下鉄新宿線の馬喰横山駅と連絡している。また、この馬喰横山駅の東側には、都営地下鉄浅草線の東日本橋駅も存在する。

総武線が地下を走る日本橋横山町、馬喰町付近は、色とりどりの店が並ぶ問屋街である。これは日本橋横山町、日本橋馬喰町1丁目の新道通り沿いの雑貨問屋街で、多くの人、自転車が狭い道路を通っていた。

日本銀行本店
日本銀行本店は、東京駅と同じ建築家、辰野金吾の設計により、1896年に竣工した。その後、別館、新館が誕生し、本館は1974年に国の重要文化財に指定されている。

三井本館
関東大震災後の1929年に竣工した三井本館は地上7階、地下2階で、戦前は三井財閥の本拠であった。戦後の一時期はGHQが一部を接収していた。1998年、国の重要文化財に指定された。

日本橋三越本店
日本を代表するデパートである日本橋三越本店は、越後屋・三井呉服店から発展した三越呉服店として1904年に開店した。1932年には現在の地下鉄銀座線に三越前駅が開業している。

中央通り
右側（写真外）に架かる日本橋から、三越前へ中央通りが延び、神田駅方面へ向かう。日本橋は日本を代表する橋のひとつで、江戸時代には、東海道（五十三次）の起点であった。

1953年（昭和28年）

外堀通り
江戸城の外濠に沿って走る道路で．この付近では東京駅や日本銀行の前を通っている。日本橋川を渡る鎌倉橋周辺は江戸城の材木を鎌倉から運んだ場所で、鎌倉河岸と呼ばれていた。

日本銀行南分館（貨幣博物館）
日本銀行南分館（金融研究所）は日本銀行創立100周年を記念して、1982年に貨幣博物館が開館した。一時休館していたが、2015年にリニューアルオープンした。

日本橋川
江戸時代、この日本橋川の北岸、日本橋と江戸橋の間には魚河岸（魚市場）が存在した。関東大震災後、魚市場は築地に移転したが、現在も日本橋のたもとには魚河岸記念碑と乙姫像が建つ。

ニコライの鐘が鳴り、学生が集う街
御茶ノ水駅

開業年：1904（明治37）年12月31日　所在地：千代田区神田駿河台2－6－1
路線距離：5.2km（錦糸町起点）　乗車人数：104,890人　駅構造：地上駅（橋上駅）　ホーム：2面4線

　1904（明治37）年12月、御茶ノ水駅は甲武鉄道の終着駅として開業している。1906年に甲武鉄道が国有化され、1908年4月、昌平橋駅（その後、万世橋駅への延伸で廃止）への延長により、中間駅となった。1919（大正8）年3月、万世橋～東京間の路線が開通し、東京駅まで結ばれる形となった。一方、中央・総武線の各駅停車が走る御茶ノ水～両国間の路線は、1932（昭和7）年7月に開通している。

　この御茶ノ水駅は1923年に発生した関東大震災で、多大な被害を受けた。当時の駅は現在の場所ではなく、駅舎は御茶ノ水橋の西側（神田警察署お茶の水交番付近）に置かれていた。大震災後の復興事業の中で、新しい駅舎は1932年7月に誕生している。また、神田川に架かる東側の聖橋は1927（昭和2）年に完成している。この駅の東口は聖橋、西口は御茶ノ水橋という2つの橋のたもとにあり、それぞれの橋の名を取って、聖橋口、お茶ノ水橋口と呼ばれている。

　「御茶ノ水」という地名の由来は、江戸初期にあった曹洞宗の寺院、高林寺の境内から湧き出した水を、徳川家康にお茶をたてる水として献上したことによる。北側には湯島聖堂、神田明神があり、明治維新後は、南側にニコライ堂（東京復活大聖堂）が建設されたことから、聖橋の名称が生まれた。また、周辺には大学、学校、病院が多く、「日本のカルチェラタン」とも呼ばれてきた。

松住橋架道橋
1932年、総武線が両国駅から御茶ノ水駅まで延伸する際に架橋された。当時実施された、関東大震災後の失業救済事業の一環だった。最大支間長は、71.96メートルである。

昌平橋架道橋
1908年、中央線が昌平橋駅（後に葉市史）から、万世橋駅まで延伸したとき、外堀通りの上に建設された。全長44.2メートル、最大支間長は20.15メートルである。

聖橋
神田川に架かる聖橋は、本郷通りが通る鉄筋コンクリートアーチ橋として、1927年に完成した。南側（千代田区）にニコライ堂、北側（文京区）に湯島聖堂があることから、「聖」の名称が付けられた。

昌平橋（外堀通り）
神田川に架かる歴史の古い橋で、最初の橋は江戸時代前期の寛永時代とされる。当初は「一口橋」「芋洗橋」と呼ばれていたが、1691年に「昌平橋」と命名された。橋の上には、すし詰めに乗客を乗せた都電が見える。

神田川
井の頭池を水源とする神田川は、都内を東に流れ、両国橋付近で隅田川と合流する。現在は、中央線と平行して流れる部分もあり、かぐや姫の名曲「神田川」でも有名である。

御茶ノ水駅の総武線ホームを通過する急行列車に使用される165系。総武・房総地区の急行はこの年に全廃され、新宿発着の特急「しおさい」も設定された。

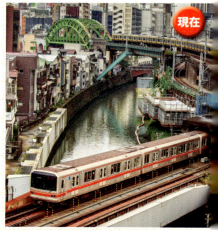

神田川を渡るため御茶ノ水～淡路町間で地上に顔を出す地下鉄丸ノ内線。奥に総武線が渡る松住町架道橋（アーチ橋）が見える。

1948年（昭和23年）

総武線と山手・京浜東北線がクロス
秋葉原駅

開業年：1890（明治23）年11月1日　所在地：千代田区外神田1-17-6
路線距離：3.4km（錦糸町起点）　乗車人数：243,921人／日　駅構造：高架駅
ホーム：2面2線（総武線）、2面4線（京浜・山手）

大きな駅ビルに変わった現在の秋葉原駅。

　総武線（各駅停車）と山手線、京浜東北線がほぼ十字型にクロスする秋葉原駅は、電気街口、昭和通り口、中央改札口、アトレ1改札口を有する複雑な構造をもち、東側には東京メトロ日比谷線の秋葉原駅、首都圏新都市鉄道（つくばエクスプレス）の秋葉原駅、その南側に都営地下鉄新宿線の岩本町駅が存在する。また、西北には、東京メトロ銀座線の末広町駅が置かれている。

　世界各地から多くの観光客が訪れる秋葉原電気街、アニメ・ホビーショップが集まる街の玄関口であり、かつては交通博物館、神田青果市場も存在した。駅の南側には、神田川が流れ、和泉橋、万世橋などが架かっている。

　秋葉原駅の歴史は、1890（明治23）年11月、日本鉄道（現・東北線）が開設した秋葉原貨物取扱所に始まる。日本鉄道の拠点は上野駅であり、この秋葉原までの貨物線が存在した。旅客営業を行う駅の開設は1925（大正14）年11月、上野〜東京間の東北（山手）線が開通した際に開業した秋葉原駅である。1932（昭和7）年7月、総武線の両国〜御茶ノ水間が延伸し、京浜線（現・京浜東北線）・山手線との連絡駅となり、高架化されている。1962（昭和37）年に営団地下鉄の秋葉原駅、2005（平成17）年に首都圏新都市鉄道つくばエクスプレスの秋葉原駅が開業している。

　「秋葉原」の地名、駅名はこの地にあった「秋葉大権現（秋葉社、鎮火社）」に由来する。秋葉大権現は1888年に現在の台東区松が谷3丁目に遷宮し、秋葉神社となっている。

秋葉原電波会館
戦後間もない1951年、秋葉原駅の高架下、ラジオセンターに隣接する形で、二階建て棟割長屋式の「秋葉原電波会館」がオープンした。現在は4階建てで、電子パーツを扱う店が軒を連ねる。

秋葉原駅を発車し終点新宿駅に向かう気動車急行の「水郷」。銚子駅発着であるが小見川駅や佐原駅など成田線経由で運転される。

秋葉原駅から10円区間の切符（1959年の大人運賃）。

総武線下り線ホーム
1932年の総武線延伸時には、従来からあった京浜東北線、山手線を跨ぐ形で、秋葉原駅が3層構造の高架駅に変わり、3階部分に総武線の上下線ホームが設置された。

喫茶「古炉奈(コロナ)」
秋葉原電波会館の2階にあった老舗の喫茶店で、昼はバロック音楽、夜はジャズを愛する音楽ファンも多かった。2009年に閉店し、現在はメイド喫茶＆コスプレ酒場の「ザ・グランヴァニア」となっている。

御成街道架道橋
1932年、総武線が両国駅から御茶ノ水駅まで延伸する際に、市電(都電)が走る中央通り(御成街道)を跨ぐ形で架橋された。橋長は38.12メートル、最大支間長は37.60メートルである。

中央通り
日本橋方面から続く中央通りはこの先、江戸時代に将軍が上野寛永寺に通った下谷御成街道と重なる。この当時は都電が通り、現在は地下を東京メトロ銀座線が通っている。

1960年(昭和35年)

現在

現在の秋葉原の街には、中国、韓国、台湾などアジア地域を中心として海外から多くの買い物客が訪れる。中心は電気街の量販店で、メイド喫茶、オタクショップなども街への集客を担っている。

日本橋女学館高校
1905年に日本橋女学校として開校し、戦後に日本橋女学館中学校・高校となった。現在は中学校が男女共学となり、開智日本橋学園中学校と改称している。

神田川
隅田川に注ぐ柳橋に近い神田川である。この下流にある柳橋は、江戸時代前期の1968年に架橋され、1929年に現在の橋が完成。当時全盛だった、柳橋芸者が勢ぞろいして渡り初めを行った。

浅草橋
浅草橋が架かる場所には、江戸時代に浅草橋御門があった。浅草方面に延びる江戸通りは国道6号であり、かつては都電が通っていたが、現在は都営地下鉄浅草線が地下を走り、浅草橋駅が置かれている。

井筒屋
浅草橋に突き出た乗り場・店舗があり、現在は「屋形船の井筒屋」として営業している。この当時の2つの看板には、「あみ舟、つり舟、汐干舟」「はぜ釣乗合船」と書かれ、釣り船が係留されている。

2000年（平成12年）

相対式ホームに停車している総武緩行線の103系。ホーム左側には、当時　喫煙出来るスペースがあった。

撮影：矢崎康雄

写真外（右）　柳橋花街

現在の柳橋1丁目に存在した柳橋花街は、江戸時代に誕生した古い歴史をもち、江戸の商人や文化人たちが贔屓客となっていた。明治維新後も置屋、料亭が建ち並んで賑っていたが、1999年に花街の歴史に終止符を打った。料亭「亀清楼」はビルとなって残っている。

神田川には浅草橋、人形の街の玄関口
浅草橋駅

開業年：1932（昭和7）年7月1日　所在地：台東区浅草橋1-18-1
路線距離：2.3km（東京起点）　乗車人数：53,954人　駅構造：高架駅　ホーム：2面2線

　江戸通りに沿って、日本を代表する人形メーカーの「久月」「吉徳」などが店舗を構える、人形の街の玄関口が浅草橋駅である。こちらは東口で、反対側の西口付近は、東神田に続く衣料などの問屋街となっている。

　浅草橋駅は1932（昭和7）年7月、総武線の両国～御茶ノ水間の開通時に開業している。開業当時から高架駅で、相対式2面2線のスタイルであり、長いホームの両端に東口、西口が置かれている。

　駅名の由来となった浅草橋は、日本橋と浅草を結ぶ道路が神田川に架かる橋であり、浅草寺の門前橋であった。この日光街道・奥州街道（国道6号、江戸通り）が走る浅草橋とともに、神田川の最も下流部分には「柳橋」が架けられている。隅田川に近い「柳橋」は江戸、東京を代表する花街として大いに栄えた場所であったが、最後の料亭は1999（平成11）年に廃業し、花街の歴史は幕を閉じた。現在も、神田川沿いなどに老舗の料亭も健在で、江戸の面影が残る街となっている。

　JR浅草橋駅に加えて、1960（昭和35）年に都営地下鉄1号（現・浅草）線の浅草橋駅が開業、JR駅の東口で連絡している。また、浅草橋を渡った南西側には、総武快速線の馬喰町駅が置かれている。

1970年（昭和45年）

撮影：池田 信

浅草橋駅から10円区間の切符（1959年の大人運賃）。

現在

都営地下鉄浅草線との連絡口があるJR浅草橋駅の東口である。駅付近の江戸通りの両側には、多くの人形店が店を構えている。

相撲と花火、江戸の風物詩が残る街
両国駅

開業年：1904（明治37）年4月5日　所在地：墨田区横綱1-3-20
路線距離：1.5km（錦糸町起点）　乗車人数：38,901人　駅構造：高架駅　ホーム：2面3線

国技館通りに面した両国駅西口である。昭和のレトロ駅舎は2016年に開業時の外観に戻され、複合飲食施設「両国　江戸NOREN」がオープンした。

かつては総武線の起終点駅であり、いまも隅田川の東側にターミナル（終着）駅としてのスタイルを留めているのが、この両国駅である。駅の西口側は国技館通りに面し、二代目両国国技館、江戸東京博物館の玄関口となっている。駅南西には隅田川に架かる両国橋があり、その名称は武蔵、下総（両国）の国境に由来する。また、南側には京葉道路（国道14号）が通り、大相撲発祥地のひとつ、回向院と初代両国国技館の跡地が存在する。

この両国駅の開業は、1904（明治37）年4月であり、開業時には両国橋駅を名乗っていた。このとき、総武鉄道の前身である総武鉄道は、本所（現・錦糸町）～両国橋間の延伸を行い、両国橋駅が新たな起終点駅となった。開業当初の駅付近（東側）は、市街地のために高架鉄道とされ、現・清澄通りを渡る亀沢町跨道橋を含む日本最初の高架区間が完成している。

1929（昭和4）年12月、現在の駅舎（西口）が誕生。1931年10月、駅名を「両国」に改称した。1932年7月、御茶ノ水駅までの電車（現・各駅停車）線が開通している。このときに現在も使用されている、島式1面2線のホームが整備され、中長距離列車が発着する地上ホームと併用されるようになった。

戦後、両国駅を始発とする中長距離列車は徐々に姿を消し、地上線ホームは団体専用ホームとして一部が残された。また、駅北側に広がる貨物ヤードは廃止され、その跡地は二代目両国国技館、江戸東京博物館などに変わった。

1971年（昭和46年）

1968年（昭和43年）

撮影：柳川知章

両国駅地平ホームに停車している蒸気機関車牽引の列車。当時のホームは広大で、いかにも玄関口の雰囲気が漂っていた。

1963年当時、両国から飯田橋まで「小児運賃」は5円だった。

1970年（昭和45年）

撮影・長渡 朗

東京地下駅開業前はこの両国駅から多数の優等列車が発車していた。現在発着する優等列車はなく、最後の定期列車は1988年の特急「あやめ」と「すいごう」であった。

両国駅
1929年から使用されている駅舎が残る両国駅西口である。当時は総武線の起終点駅であり、駅の北側には、広大な貨物ヤードを有していたが、1970年に貨物営業を廃止、その後、江戸東京博物館などに変わった。

両国橋
古くは武蔵（東京）・下総（千葉）の国境だった隅田川に、1659年（61年の説もある）に架橋されたといわれる。1904年、現在より20メートルほど下流に鉄橋が誕生した。現在の橋は1932年に架橋されている。

旧安田庭園
江戸時代には、本庄松平氏の下屋敷があり、安政年間に潮入回遊庭園として本格的に整備された。明治維新後、安田財閥の安田善次郎の所有となり、その後、東京市、墨田区に移り、一般公開されている。

両国公会堂
1926年、安田財閥の寄付により建設された両国公会堂は、鉄筋4階建ての大型ホールで、戦後は一時、アメリカ軍に接収されていた。2001年に使用停止となり、跡地には2018年に刀剣博物館が誕生する。

首都高速6号向島線
隅田川沿いを走る首都高速6号向島線は1971年、江戸橋ジャンクションから向島出入口まで開通した。1980年に箱崎ジャンクションが誕生し、9号深川線とつながった。

隅田川
「大川」とも呼ばれた隅田川は、江戸の水運・経済の大動脈であり、小名木川などを通して千葉方面とつながっていた。両国付近は、夏の夕涼み、花火の名所であり、多くの浮世絵にも描かれている。

ロッテ会館
ロッテが直営するロッテ会館は1970年、錦糸町駅前（北口）に結婚式場、バッティングセンター、ボウリング場をもつ複合レジャー施設としてオープンした。現在はロッテシティホテルをもつ「ロッテシティ」となっている。

錦糸町駅留置線
錦糸町駅の北側には、両国駅側から分岐した留置線が存在する。この写真では、6編成の車両が見えるが、現在も快速線ホームから車両を身近に見ることができる。

東京（江東）楽天地
1937年、錦糸町駅前にレジャー施設「江東（東京）楽天地」がオープンした。江東劇場ほかの映画館とともに、須田町食堂、江東吉本劇場が入り、下町の新名所となった。現在は、ビル階上に「天然温泉楽天地スパ」がある。

丸井錦糸町店
都電撮影の名所でもあった錦糸堀車庫の跡地は、1983年に丸井錦糸町店が入るビルとなった。この墨田区・丸井共同開発ビル8・9階には、すみだ産業会館が入っている。

1972年に東京地下駅開業及び外房線全線電化に伴う特急運転開始のために登場した直流特急形電車の183系。内房線「さざなみ」、外房線「わかしお」などに使用された。

1973年（昭和48年）

錦糸町駅南口
錦糸町駅の南口には、1961年に駅ビル「テルミナ」が開業した。その後、北口には駅ビル「ラガール」も誕生したが、現在は「テルミナ2」と名称を改めている。

四ツ目通り
江戸時代、本所相生町には囲碁の家元である本因坊家があったことから、墨田区では碁盤の目の通り名として、一ツ目、二ツ目…の名称を設けた。一ツ目は一ツ橋通り、二ツ目は清澄通りとなり、錦糸町駅前を通るのが四ツ目通りである。

撮影：野口昭雄

京葉道路との間に、広いバスターミナルがある錦糸町駅南口。

墨東を代表する繁華街、都電車庫跡も
錦糸町駅

開業年：1894(明治27)年12月9日　　所在地：墨田区江東橋3-14-5
路線距離：0.0km(錦糸町起点)　乗車人数：105,191人　駅構造：地上駅(橋上駅)　ホーム：2面4線

　東京駅から地下を走ってきた総武線(快速)は、新日本橋、馬喰町駅を過ぎると両国付近で地上に出て、錦糸町駅に到着する。この錦糸町は、隅田川の東側(墨東)を代表する繁華街であり、墨田・江東両区の玄関口でもある。近年には、北側の押上地区に東京スカイツリーが建設され、外国からの観光客も多く訪れる場所となっている。

　錦糸町駅の歴史は古く、総武鉄道時代の1894(明治27)年12月、本所駅として開業している。同年7月、市川～佐倉間で開業した総武鉄道は、このときに少し都心側に進み、この本所駅が起終点駅となった。「本所」という地名は、現在、両国駅の北側に存在するが、明治から昭和戦前期にかけては東京15区のひとつである本所区が存在し、戦後は向島区と合併して、墨田区が誕生した。総武鉄道が国有化された後、1915(大正4)年に錦糸町駅と改称した。

　「錦糸町」の地名、駅名は駅の北側、現在の北斎通りに存在した「錦糸堀」に由来する。駅南側には、城東電気軌道に由来する都電の錦糸堀車庫が存在した。2003(平成15)年には、営団地下鉄(現・東京メトロ)半蔵門線の錦糸町駅が開業し、連絡駅となっている。

　現在の錦糸町駅周辺は、北口の東側に錦糸公園があり、駅前の四ツ目通り(都道465号)を北上すると押上駅、東京スカイツリーに至る。一方、南口の駅前には京葉道路(国道14号)が通り、南東には猿江恩賜公園が存在する。

京葉道路
靖国通り(国道14号)は、隅田川に架かる両国橋を渡ると京葉道路となって千葉方面に向かう。東京都内、この錦糸町付近では一般道路である。

1961年に駅ビルになった錦糸町駅南口駅前である。ビル表記の"駅ビルきんし町"と"よみうり電光ニュース"の看板が時代を物語る。

撮影：山田虎雄

現在

映画館(楽天地シネマズ錦糸町)、天然温泉とともにLIVIN錦糸町駅が入っている。

錦糸町駅の南側、四ツ目通りに沿って、「東京楽天地」のビルが並ぶ。正面中央に見える「江東劇場」では、映画「ドラえもん/怪物くん」が上演されていた。このビルの3階には、卓球場もあった。左側に国鉄の高架線、右側に千葉街道(国道14号)がのぞいている。

1968年(昭和43年)

撮影:池田信

亀戸天神社があり、東武亀戸線と連絡
亀戸駅

開業年：1904（明治37）年3月29日　所在地：江東区亀戸5－1－1
路線距離：6.3km（東京起点）　乗車人数：57,328人　駅構造：高架駅　ホーム：1面2線

現在

駅ビル「アトレ亀戸」となっている現在の亀戸駅。

　亀戸駅は、JR総武線と東武亀戸線の連絡駅で、江東区の玄関口の駅である。なお、墨田区にある隣駅の錦糸町駅とは距離が近く、両駅とも墨田、江東区民が多く利用している。

　亀戸駅の歴史は、1904（明治37）年3月29日、総武鉄道の駅として開業したことに始まる。わずか1週間後、4月5日には東武鉄道亀戸線の亀戸駅が開業した。このときに東武線の亀戸～曳舟間が開業したことで、総武鉄道の路線である亀戸～両国橋（現・両国）間への直通運転が開始され、1910年まで続けられた。

　亀戸といえば、くず餅の老舗として知られる船橋屋が門前に店を構える、駅北側の亀戸天神社がまず思い浮かぶ。浮世絵師の初代歌川広重が「名所江戸百景　亀戸天神境内」として描いた太鼓橋が今も残り、藤の花の名所としても有名である。菅原道真を祀る学問の神様として、初詣、受験シーズンには多くの参拝者が訪れる。その東側に鎮座する亀戸香取神社は勝負、スポーツの神様として知られている。

　亀戸駅周辺には戦前、セイコー、日立などの工場が存在し、その多くが住宅、公園などに変わっている。現在、北側では花王の東京工場が操業している。

　また、戦前には城東電気軌道が建設した城東電軌線が亀戸駅の南側、京葉道路付近から専用軌道を通り、大島、小松川、洲崎方面に伸びていた。この軌道線はやがて東京市電（都電）の一部となり、戦後に廃止されている。

1956年（昭和31年）

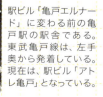

1970年（昭和45年）

駅ビル「亀戸エルナード駅」に変わる前の亀戸駅の駅舎である。東武亀戸線は、左手奥から発着している。現在は、駅ビル「アトレ亀戸」となっている。

撮影：荻原二郎

明治通り
関東大震災後、環状五号線として整備された道路で、港区から渋谷、新宿、豊島、北、荒川、台東、墨田区を通り、江東区まで延びている。この明治通りには戦後、都営のトロリーバスが走っていた。

富士銀行亀戸支店
京葉道路と明治通りの交差点（南西）には、富士銀行が店を構えていた。現在はみずほ銀行亀戸支店となっている。その先には、第一銀行支店の看板ものぞく。

亀戸駅ホーム風景。総武緩行線の上り電車が錦糸町駅に向かい発車したところ。手前の単線は架線が張られていない非電化の越中島貨物支線である。

京葉道路
総武線と並行した東に向かう京葉道路には、錦糸町から小松川へ向かう都電が走っていた。この路線は、1917年、城東電気軌道が開業したもので、1942年に東京市電（都電）に買収された。

都電
城東電気軌道は1921年には、水神森から分かれて大島に至る路線を開業した。この路線はその後、東陽公園、洲崎方面に延伸し、都電砂町線となって、この地域の人々の足となっていた。

歩道橋が設置された京葉道路と明治通りが交差する、現在の亀戸駅前交差点である。富士銀行支店は、みずほ銀行支店に変わっている。

小名木川駅

1929年に開業した小名木川駅の駅名は、北側を流れる小名木川に由来する。この小名木川は、徳川家康が小名木四郎兵衛に命じて開削させた運河で、開削者の名が川に付けられた。駅が誕生する以前は、八衛右門新田と呼ばれる田圃だった。その後、現在の明治通りが開通し、後に都電砂町線となる、城東電気軌道が稲荷前（本砂町）方面への路線を延ばした。小名木川駅は、当初から貨物駅であり、小さな木造駅舎が存在した。

たくさんの材木が浮かんでいる小名木川。越中島支線の橋梁を、蒸気機関車が走る。

現在の越中島支線。全線が非電化・単線区間となっている。

豊洲・晴海までつながっていた貨物線
越中島支線

　JRの越中島支線は、小岩駅と越中島貨物駅を結ぶ11.6kmの総武線の支線（貨物線）で、小岩〜新小岩信号場間は総武線と重複、新小岩信号場〜亀戸間は総武線の並行しており、実質は亀戸駅付近から南に進むこととなる。

　1929（昭和4）年3月、小名木川の水運と連絡するため、亀戸〜小名木川駅間が開通した。その後、1958（昭和33）年11月に越中島（現・越中島貨物）駅まで延伸している。この越中島支線では、D51などの蒸気機関車、DD51などのディーゼル機関車が活躍していた。また、付近に汽車製造東京製造所が存在した時代には専用線も敷かれていた。しかし、2000（平成12）年12月に小名木川駅は廃止され、業務は隅田川駅に移管されている。

　廃止となった小名木川駅は、現在の江東区北砂2丁目に存在した。北側には、江戸と千葉方面を結ぶ水運の要だった小名木川が流れ、東側には明治通りが走っている。その跡地には、大型ショッピングセンター「アリオ北砂」が2010年にオープンした。この「アリオ北砂」には、イトーヨーカ堂のほか、ロフトなどが入っている。

　なお、越中島駅は1990年3月に京葉線に旅客駅の（新）越中島駅が誕生したことで、越中島貨物駅へと駅名を改称した。

1964年（昭和39年）

1973年（昭和48年）

撮影：高橋義雄

1989年まで、越中島支線を利用して晴海埠頭と総武線を結ぶ貨物輸送が行われていた。

江戸川区に平井駅、墨田・江東区民も利用
平井駅

駅前広場に交番が置かれている平井駅南口。

開業年：1899（明治32）年4月28日　所在地：江戸川区平井3-30-1
路線距離：8.2km（東京起点）　乗車人数：32,116人　駅構造：高架駅　ホーム：1面2線

　旧中川と荒川と挟まれ、江戸川区に存在する平井駅は、平井大橋を渡れば葛飾区となる。一方、旧中川の西側は墨田・江東区であり、江戸川・墨田・江東という3区の区民が利用する駅となっている。平井駅は1899（明治32）年4月、総武鉄道時代に開業しており、1907年に国有鉄道の駅となった。付近には私鉄、地下鉄の駅はなく、JR単独駅となっている。駅の北側には、蔵前橋通り（都道315号）が通り、駅の東側には、ゆりのき橋通り（都道449号）が走っている。

　荒川に架かる平井大橋の北側には、東京水辺ライン（水上バス）の平井発着場が置かれている。江戸時代、平井駅南側には、旧中川と小名木川の分岐点に幕府の船番所が置かれ、江戸と関東各地を結ぶ水運の要所となっていた。江戸の風景を描いた浮世絵師、初代歌川広重はこの地にも足を運び、「名所江戸百景」で「逆井の渡し」「平井聖天」を描いている。当時、旧中川には「逆井の渡し」「平井の渡し」「中川の渡し」が存在していた。

　旧中川に架かる平井橋のたもとにある平井聖天（燈明寺）は、新義真言宗の寺院で、江戸時代から聖天信仰で多くの参拝客を集めた。平井橋は「平井の渡し」のあった場所のすぐ北（東）側に架かっている。

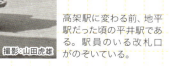

高架駅に変わる前、地平駅だった頃の平井駅である。駅員のいる改札口がのぞいている。

平井橋
旧中川に架かる平井橋は、現在の橋が1980年に架橋された。下流には、墨田区の平井橋船着場が設けられ、一般開放されている。

日本通運隅田川支店
総武線と蔵前橋通りに挟まれる形で、旧中川沿いに広い敷地を有している。大手物流の老舗でもある、日本通運の都内東部の拠点のひとつである。

平井駅
平井駅は1923年、荒川放水路の開削により現在地に移転している。1972年、錦糸町〜津田沼間が複々線化された際、地平駅から高架駅に変わった。

小松川小学校
1914年、当時の松川尋常高等小学校と平井尋常高等小学校が合併して、小松川尋常高等小学校が誕生した。その後、小松川第一尋常小学校となり、戦後に江戸川区立小松川小学校となっている。

1975年（昭和50年）

提供：国土地理院

旧中川
1924年、荒川放水路の開削により、中川が途中で分断された。木下川水門より分流した下流部分は旧中川となり、蛇行しながら進み、再び荒川に合流している。

都営平井一丁目アパート
総武線の南側、旧中川沿いには、都営平井一丁目アパートが棟を連ねて存在する。1965年〜1969年に建設された、大型団地である。

現在

総武・中央緩行線の103系を置き換えるため、1998年に登場した209系。このタイプの車両は京浜東北・根岸線、武蔵野線、京葉線にも投入された。

1998年（平成10年）

電車初のジョイフルトレイン「なのはな号」用の165系。千葉県の県花である「なのはな」と房総半島をイメージしている。

オリムピア

新小岩駅前に戦前から店を構える学生服の専門店で、1936年、渡辺正助夫妻が総合衣料品販売店として創業した。現在は鉄骨7階建てビルとなって、区内の学校に制服を提供している。

新小岩ルミエール商店街

新小岩駅南口から延びる、新小岩ルミエール商店街は、全長420メートルで、約140店舗が存在する東京下町を代表する商店街のひとつである。1959年にアーケードが設置された。

平和橋通り

都道308号千住小松川葛西沖線は、この新小岩駅付近では、中川に架かる橋の名から平和橋通りと呼ばれている。南側では、千葉街道の一部となり、その先では船堀街道となる。

住友銀行新小岩支店

新小岩駅に面した広場には、住友銀行新小岩支店のビルが建つ。現在は三井住友銀行新小岩支店となっている。平和橋通りには、東海銀行の支店も見える。

新小岩駅南口

新小岩駅は1928年の駅昇格以来、この南口がメインの改札口であった。駅前には広いロータリーがあり、都営バス、京成バスなどが発着している。

現在

臨時列車として総武線に登場したE655系交直流特急形電車。6両編成1本が在籍し、「なごみ(和)」の愛称を持つ。なお、この車両はお召列車専用ではなく、団体専用列車にも使用される。

歴史は新しいが快速停車の主要駅
新小岩駅

開業年：1928(昭和3)年7月10日　所在地：葛飾区新小岩1-45-1
路線距離：10.0km(東京起点)　乗車人数：74,135人　駅構造：高架駅　ホーム：2面4線

　新小岩駅は、荒川と新中川の中間に置かれている。隣駅の平井駅が旧中川と荒川に挟まれていたのと同様である。新小岩駅の歴史は比較的新しく、関東大震災後の1926(大正15)年2月、新小岩信号所としてスタートし、同年7月に新小岩操車場となった。新小岩駅に昇格したのは1928(昭和3)年7月で、当初は南口にしか改札口は存在しなかった。北口の開設は1944年である。また、1968(昭和43)年6月には、貨物取扱業務・操車場業務を分離する形で、東側に新小岩操駅が誕生し、2011(平成23)年3月に新小岩信号場駅に改称している。

　この新小岩駅の北側には、総武線と並行する形で、蔵前橋通り(都道315号)が走り、駅の東側を平和橋通り(都道308号)が通っている。新小岩駅は葛飾区の玄関口であり、両隣の平井、小岩駅には停まらない快速の停車駅でもある。駅の構造は、島式ホーム2面4線を有する高架駅となっている。駅の南北には3つのバス停が存在し、南側の江戸川区の区民も多く利用する駅である、駅の南東、八蔵橋交差点付近には、江戸川区役所が存在し、その最寄り駅でもある。

　駅の西側、総武線と蔵前橋通りに挟まれる形で新小岩公園が存在し、東京聖栄大学のキャンパスも置かれている。また、駅の南側、荒川(中川)付近には、高校野球の名門として有名な関東第一高等学校がある。

1960年(昭和35年)

撮影：毎日新聞社

現在

駅前広場にモニュメントが設置され、美しく整備された新小岩駅南口である。広場には交番が置かれている。

現在の昭和通り商店街の入り口付近。

京成電鉄バス
時代を感じさせる京成電鉄バスのボンネットバスで、車体の「K.O.K」の表記もなつかしい。2003年からは京成バスとなり、篠崎駅、両国駅、金町駅、葛西駅などに向かうバスが発着している。

昭和通り商店街
駅前から南に延びる昭和通り商店街は、庶民的な飲食店、商店が多く、昭和の香りが漂うレトロ商店街として人気がある。入口に設置されたゲートは、姿を変えてはいるが、今も健在である。

写真外（右）　小岩フラワーロード
小岩駅南口から西に延びるフラワーロードは、1927年に新栄会の駅前商店街が発足した。戦時中の道路が拡幅され、バスが通る道路の両側にアーケードが設置された、現在の姿となっている。

写真外（手前）　小岩駅
小岩駅の構内（改札外）には、地元が生んだ昭和の大横綱、栃錦の銅像が建つ。現在、駅の1、2階はショッピングセンター「シャポー(shapo)小岩」となっている。東小岩には、大相撲の田子の浦部屋がある。

小岩駅南口ロータリー
小岩駅の南口には、バスロータリーがあり、都営バス、京成バスなどが発着するターミナルになっている。現在、駅前には三井住友銀行、りそな銀行の支店が存在する。

総武線の都内東端、江戸川の先は市川
小岩駅

路線バス乗り場が整備された、現在の小岩駅南口。

開業年：1899（明治32）年5月24日　所在地：江戸川区南小岩7-24-15
路線距離：12.8km（東京起点）　乗車人数：64,565人　駅構造：地上駅　ホーム：1面2線

　総武線において、東京都の東端にあたるのが小岩駅で、東側の江戸川橋梁を渡れば、千葉県に入り、市川市となる。この小岩駅の北東では、都心方面からの蔵前橋通り（都道315号）と奥戸街道（都道60号）が合流し、さらに進んだ東側で千葉街道（国道14号）と一緒になって、市川駅の北へと向かう。

　小岩駅の開業は、総武鉄道時代の1899（明治32）年5月で、平井駅から約1か月遅れて誕生している。なお、京成本線には1932（昭和7）年に開業した京成小岩駅が存在するが、約1km離れた北東に位置し、乗り換えには適さない。この小岩駅はJRの貨物線である総武線の越中島支線、新金貨物線の起点駅となっているものの、実際の線路は新小岩信号場駅付近から分岐している。

　「小岩」という地名は、「甲和」に由来するといわれる。奈良時代の「正倉院文書」には「甲和里」の記述があり、713（和同6）年に好字（よい字）の「甲和」が地名にされたという。この「甲和（里）」が後に「小岩」に変化した。

　小岩駅の南西には、「小岩不動尊」の通称で知られる真言宗豊山派の寺院、善養寺が存在する。この寺は樹齢600年以上で、国の天然記念物に指定されている「影向の松」が有名である。

タクシーが列を成して客待ちをしている小岩駅南口の駅前広場。瓦屋根2階建ての木造駅舎だった。

撮影：山田虎雄

戦前から始まった新中川（放水路）の開削は、第二次世界大戦のために一時中断され、1949年から再開された。多くの家屋の立ち退きを伴う難工事で、開削は長期にわたり、1963年に完成した。写真手前の線路は新金貨物線であり橋梁のある新線に付け替え工事をしている。

1960年（昭和35年）

1960年（昭和35年）

ボンネットバス2台が停まっている小岩駅南口の駅前広場。奥に向かって、昭和通り商店街が延びている。この頃の小岩駅のホームは、2面の構造だった。

撮影●毎日新聞社

東京駅 1956（昭和31）年 ➡ 6ページ

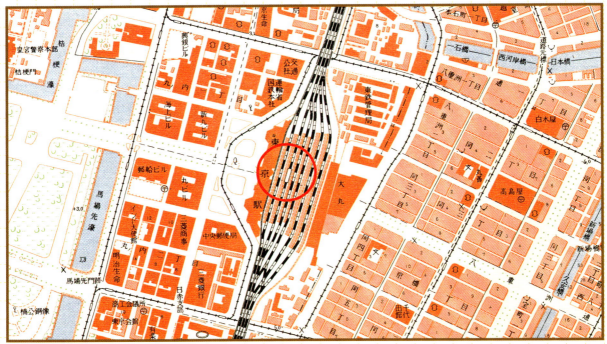

1964年10月に東海道新幹線が開通する前の地図であり、東京駅の周囲には都電が走っていた。丸の内側には、丸ビル、新丸ビル、三菱商事、東京中央郵便局、運輸省、国鉄本社などのビル存在している。八重洲側には大丸東京店が店を構え、東鉄管理局も見える。少し離れた中央通りに沿って高島屋日本橋店が店を構え、日本橋交差点角には白木屋(後の東急)百貨店があった。日本橋川の上に首都高速道路は開通していない。

秋葉原駅 1956（昭和31）年 ➡ 12ページ

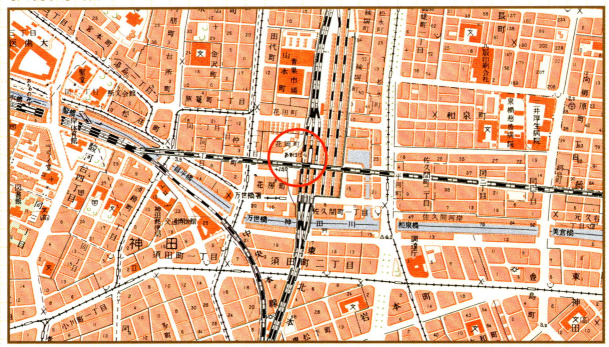

現在は秋葉原駅周辺から姿を消した、神田青果市場と交通博物館が地図上に見える。中央通り、昭和通りには都電が走っており、靖国通りにも都電の路線がある。神田川に架かる万世橋の南側、須田町交差点は戦前から市電(都電)が交差する名所で、ここから国鉄の万世橋駅(廃止)、秋葉原駅に乗り換える人も多かった。神田川には万世橋のほか、昌平橋、和泉橋などが架かっている。駅の北東には、凸版印刷会社がある。

主要駅周辺の地図（1）

両国駅　1956（昭和31）年　➡ 16ページ

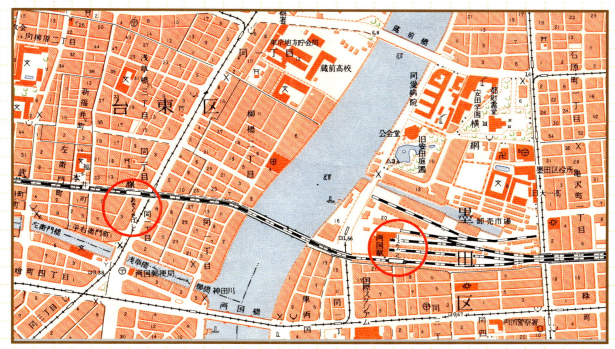

隅田川を渡る橋として、国鉄の隅田川橋梁の南北に両国橋、厩橋が架かっている。両国橋の北西には神田川が注ぎ、浅草橋、柳橋が架かる。川の西側にも両国の地名はあり、両国郵便局が置かれている。隅田川を渡った東側にある両国駅の北側には、貨物ヤードが存在し、東側には卸売市場（江東市場）が置かれていた。その北側には、日大一高・中、旧安田庭園、安田学園、東京都慰霊堂がある。隅田川に面して両国公会堂もあった。

錦糸町駅　1958（昭和33）年　➡ 18ページ

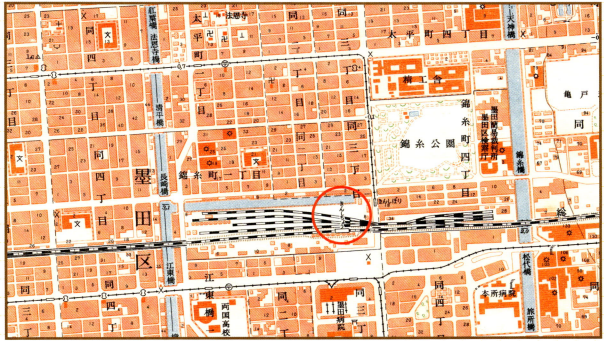

錦糸町駅の西側には大横川、東側には横十間川が流れ、大横川からは駅北側の貨物ヤードに水路が設けられていた。駅の北側では、春日通りを都電が走り、四ツ目通りを南下して駅北口に至る。一方、駅南側では、京葉道路を都電が走り、錦糸車庫の跡地に墨田病院が見える。その西側には、府立三中に起源をもつ都立両国高校がある。駅の北東にある錦糸公園は、「ポケモンgo」のレアポケモンの出現場所として有名になった。

総武鉄道の開業時は、西の起終点駅
市川駅

開業年：1894（明治27）年7月20日　所在地：市川市市川１−１−１
路線距離：15.4km（東京起点）　乗車人数：59,909人　駅構造：高架駅　ホーム：2面4線

駅前にダイエー市川店が店を構える、市川駅北口。

　江戸川の東側、千葉県に入ってすぐの場所に置かれているのがJRの市川駅である。市川駅は、1894（明治27）年7月に、総武鉄道の西の起終点駅として開業している。このとき、総武鉄道は市川〜佐倉間が開通し、市川駅は最も東京側の駅であった。同年12月、江戸川を渡る市川〜本所（現・錦糸町）間の路線が延伸して中間駅となっている。

　市川駅付近では、総武線と並行する形で、北側を千葉街道（国道14号）が走り、さらにその北側を京成本線が通っている。JR市川駅と連絡する京成本線の駅は、市川真間駅であり、東西に菅野駅、国府台駅が存在する。また、駅北西からは千葉街道から分岐する形で、千葉県道283号が南東に延びている。

　「市川」の地名、駅名の由来は諸説あるが、地区の西側を流れる江戸川が東国の「一の川」であったからという説、その河岸に市が立ったことからという説が有力である。また、この駅付近は駅北側の国府台一帯に縄文時代から人々が定住した場所で、古代の下総国国府、国分寺などが置かれた場所でもある。

　1889年、東葛飾郡の市川村、国府台村、真間村などが合併して、市川町が誕生。1934（昭和9）年、八幡町、中山町、国分村を加えて、現在のような市川市が成立した。第二次世界大戦後には行徳町、南行徳町などを編入して、市川市の市域は拡大している。

東京駅へ行く路線バスが停まっている市川駅の駅前広場である。帽子、コート姿の昭和風の男性も見える。

千葉街道（国道14号）

かつて、市川駅北側周辺は「三本松」と呼ばれた場所であり、3本の松の木が存在した。一時は、木を挟んで自動車が通行する時代があったものの、1958年の拡張で伐採された。

市川駅（北口ロータリー）

千葉街道（国道14号）に向かって開かれた市川駅の北口である。駅前には、ロータリーがあり、バス乗り場が設置されている。現在、東側にはダイエー市川店が店舗を構えている。

京成本線

国府台駅を出た京成本線は、南東方向に進路を変え、市川真間駅に至る。この市川真間駅は、国鉄駅の北西に置かれている。

1953年（昭和28年）

市川駅（南口）

この頃の南口は小さな木造駅舎であり、駅前の空間も狭かった。1993年に再開発されて、45階のA街区、37階のB街区からなるI-linkタウン市川が誕生している。

旅客列車・貨物列車

市川駅ホームの手前には、6両編成の旅客列車が見え、その向こう側には蒸気機関車が牽引する貨物列車の姿もある。さらに手前には、貨車も置かれている。

大同製鋼会社引き込み線

市川駅の南西には、大同製鋼（現・大同特殊鋼）の工場が存在し、市川駅の南側から引き込み線が延びていた。その跡地には2004年、パークシティ市川が竣工している。

千葉県道6号
国道14号との交差点から、本八幡駅の西側を通り湾岸方面に延びる、千葉県道6号市川浦安線である。現在は都営地下鉄新宿線が通っている。

国道14号
この千葉県道(国道14号)の本八幡駅付近には、「八幡の藪知らず」として有名な「不知八幡森」が存在した。その北東には市川市役所が置かれ、現在は建て替え中である。

市川市役所
千葉街道の北側に位置している市川市役所(第一庁舎)は建て替え中である。現在は南八幡に仮本庁舎(第二庁舎)が置かれており、第一庁舎に新庁舎が完成する2020年まで使用される予定である。

葛飾八幡宮
平安時代の寛平年間に、京都の石清水八幡宮を勧請したといわれ、下総国(千葉県)の総鎮守として、平将門、源頼朝、太田道灌ら関東武士の信仰を集めてきた。祭神は誉田別命(応神天皇)などである。

本八幡駅
1935年に開業した本八幡駅の西側には現在、都営地下鉄新宿線が通る、千葉県道6号が走っている。また、駅前からは、南北に道路が延びている。

パティオ本八幡
本八幡駅前に店舗を構え、地上8階、地下1階に飲食店、書店、学習塾などが入るショッピングセンターである。正式な名称は「本八幡駅前共同開発ビル」となっている。

不知八幡森
「江戸名所図会」に葛飾八幡宮とともに描かれている、市川(本八幡)の古い名所である。「一度、足を踏み入れると抜け出せない」という、神隠しの伝説があり、「八幡の藪知らず」と呼ばれてきた。

駅前に路線バスが乗り入れる本八幡駅北口。

総武線と都営地下鉄新宿線の連絡駅
本八幡駅

開業年：1935(昭和10)年9月1日　所在地：市川市八幡2-17-1
路線距離：17.4km（東京起点）　乗車人数：58,835人　駅構造：高架駅　ホーム：1面2線

　この本八幡駅は、JR総武線と都営地下鉄新宿線の連絡駅となっている。古い歴史の地である（本）八幡ではあるが、国鉄の本八幡駅が開業したのは、1935(昭和10)年9月と比較的新しい。当時、京成本線には八幡駅（後に廃止）、新八幡（現・京成八幡）駅が置かれており、同じ千葉県内の内房線にも「八幡宿」駅が存在していた。さらに九州の鹿児島線にも八幡駅があるため、「本八幡」という駅名が採用されている。

　都営地下鉄新宿線が延伸し、本八幡駅が開業するのは、1989(平成元)年3月で、当時は仮設駅であり、1991年9月に本設駅となっている。JRと地下鉄の本八幡駅は、駅ビル「shapo本八幡」内の連絡通路で結ばれており、千葉街道（国道14号）の北側に置かれている京成八幡駅とは、地下連絡通路で結ばれている。

　「八幡」という地名は、現在の市川市八幡4丁目にある葛飾八幡宮に由来する。ここは平安時代の寛平年間、京都の石清水八幡宮を勧請したと伝わり、下総の総鎮守として多くの人々の崇敬を集めてきた。江戸時代から八幡村が存在し、1886(明治19)年、八幡村と古八幡村が合併して、八幡町が成立した。1934年、合併によって市川市の一部となっている。

提供：国土地理院

本八幡から船橋・小岩まで大人20円だった（1962年）。

地平時代の本八幡駅付近を走る気動車急行「犬吠」。この時代には101系の快速電車も運転されており、木更津駅や成田駅へも足を延ばしていた。

真間川
江戸川から分かれて東京湾に注ぐ川で、「真間の手児奈」の伝説が伝わる地域を流れている。境川と呼ばれていた場所には、桜の木が飢えられ、花見の名所となっている。

中山競馬場芝コース
中山競馬場では、春に距離2000メートルの「皐月賞」、秋に距離2500メートルの「有馬記念」が芝コースで行われる。主要4場（ほかに東京、京都、阪神）の中では、最も直線が短い、小回りコースである。

中山競馬場スタンド
芝コースのゴール前に設けられていた当時のメインスタンドである。1990年に現在のメインスタジオが誕生した。

中山競馬場（旧）厩舎
1978年、茨城県美浦村に日本中央競馬会の美穂トレーニングセンターがオープンするまでは、この中山競馬場、東京競馬場に厩舎が置かれて、競走馬の調教が行われていた。

中山競馬場
大正時代、松戸から競馬場が移転し、1928年から競馬（レース）が開催されてきた。当時は中山競馬倶楽部と呼ばれ、1937年に日本競馬会（現・JRA）の中山競馬場となった。

法典門付近
1978年、武蔵野線に船橋法典駅が誕生し、中山競馬場の最寄り駅となった。この付近は駅への連絡通路（専用地下道）にあたり、法典門が置かれている。

高架複々線区間を快走するE257系500番代特急列車は2001年にデビューした。

日蓮宗大本山、中山法華経寺の門前駅
下総中山駅

開業年：1895(明治28)年4月12日　所在地：船橋市本中山2-17-37
路線距離：19.0km(東京起点)　乗車人数：22,902人　駅構造：高架駅　ホーム：1面2線

　下総中山駅は、日蓮宗大本山の「正中山法華経寺」の門前駅であり、下総中山の地名、駅名はここに由来する。また、北東にはJRA(日本中央競馬会)中山競馬場が存在し、西船橋、船橋法典駅が開業する前には、京成線東中山駅とともに最寄り駅でもあった。「有馬記念」「皐月賞」などの大レース時に競馬ファンが列を成す姿は、駅付近の風物詩でもあった。

　この下総中山駅の開業は、総武鉄道開業翌年の1895(明治28)年4月である。当時の駅名は「中山」で、1907年に国鉄の駅となった。1915(大正4)年9月に「下総中山」と駅名を改称、1972年に高架化された。現在の駅の構造は、島式ホーム1面2線を有する高架駅である。接続可能な駅として、京成本線には京成中山駅が存在する。

　現在はJRの単独駅であるが、明治・大正期には東葛人車鉄道が鎌ヶ谷と行徳河原を結んでいた。この人車鉄道の線路は、木下街道(千葉県道59号)の上を通っており、1909年に北側の路線、1913(大正2)年に南側の路線および鬼越付近から分岐して、下総中山駅前に至る路線が開通した。しかし、京成本線が延伸し、江戸川放水路の開削による路線の分断などが重なり、短期間で廃止となった。

ロータリー、バス停が存在する下総中山駅の北口である。駅前には「プラザなかやま」「マルエツ下総中山店」等がある。

総武・武蔵野・京葉線と東西線・東葉高速線が連絡
西船橋駅

開業年：1958（昭和33）年11月10日　所在地：船橋市西船4-27-7　路線距離：20.6km（東京起点）
乗車人数：134,362人　駅構造：地上駅（橋上駅）（総武線）、高架駅（武蔵野線・京葉線）
ホーム：2面3線（総武線）、2面4線（武蔵野線・京葉線）

183系に代わる房総方面への特急用として1993年に登場した直流電車の255系。前面は独特な曲面デザインの非貫通式。

　総武線と武蔵野線、京葉線が連絡することに加えて、東京メトロ東西線が乗り入れる西船橋駅は、都心へのアクセスがとても便利な駅である。さらに東葉高速鉄道東葉高速線が加わり、京成線の沿線を含めて、千葉県各地方面から西船橋駅を経由して、都内各地に向かう通勤、通学客で大いに賑わう連絡駅である。

　この、西船橋駅は1958（昭和33）11月に開業した比較的新しい駅である。当時は島式ホーム1面2線の構造を有するシンプルな高架駅で、その位置は現在の総武快速線上にあった。総武線の駅開業に続いて、1969年3月に営団地下鉄（現・東京メトロ）東西線が延伸。東西線と総武緩行線との直通運転が開始された。1978年10月には船橋法典駅（北側）方面への武蔵野線、1986年3月に二俣新町駅（南側・千葉）方面への京葉線の開業が続いた。1988年12月には、市川塩浜方面（南側・東京）方面への京葉線も開業した。1996（平成8）年4月には東葉高速鉄道線が開業している。

　「西船橋」は駅名であり、駅北側の地名は「西船」1～7丁目となっている。この地名「西船」が誕生したのは1966～67年で、従来あった海神町北、山野町、葛飾町などから変更されたものである。また、京成本線にあった葛飾駅は、1987年に「京成西船」に駅名を改称している。

「祝営団東西線全通」の横断幕が見える西船橋駅である。吹き曝しの長い階段を上る人々と、「電車区間臨時出札所」の横断幕が昭和の時代を物語る。

西船橋駅（駅舎）
1958年に開業した当時の西船橋駅は、島式ホーム1面2線の小さな駅で、駅舎は北口側に設けられていた。それから10年が経った駅前には大きな建物もなく、バス車庫が目立つくらいである。

千葉銀行西船橋支店
新しく国鉄の駅が誕生した駅前に最も早く店舗を開いたのは、地元の千葉銀行だった。千葉街道に面した位置を選び、駅前北口からも至近距離にあった。

春日神社
現在は武蔵野線が通っている西側、千葉街道の北には、春日神社の鳥居が見える。ここから続く石段を登った先の緑の木々が茂る高台に、小ぶりな社殿が鎮座している。

千葉街道（国道14号）
江戸時代には、房総往還とも呼ばれた千葉街道は、国道14号となって総武線の北側を並行して走っている。この北側には、京成本線が通り、葛飾（現・京成西船）駅が置かれている。

1968年（昭和43年）

西船橋駅東西線ホーム（建設中）
1969年の延伸、開業を目指して、営団地下鉄（現・東京メトロ）東西線のホーム建設が進められていた。西船橋駅はこの後も、1978年の武蔵野線の延伸など、大きな変化を遂げることとなる。

北口側から見た西船橋駅。駅ビル2・3階には「Dila西船橋」がある。

現在

京成船橋駅
1916年に開業した京成船橋（当時は船橋）駅は、この当時は地上駅で、2006年に高架駅に変わった。千葉県道39号の踏切を通る列車の姿が見えている。

丸井船橋店
京成船橋駅の駅前には「丸井船橋店」が存在した。1974年に開店し1985に閉店している。現在は100円ショップの「ザ・ダイソーギガ船橋店」がある。

西武百貨店船橋店
国鉄船橋駅の南側にある「西武百貨店船橋店」は、1967年に開店して1977年に増築された。現在、京成船橋駅と直結する東側の船橋FACEビルと地下道で結ばれている。

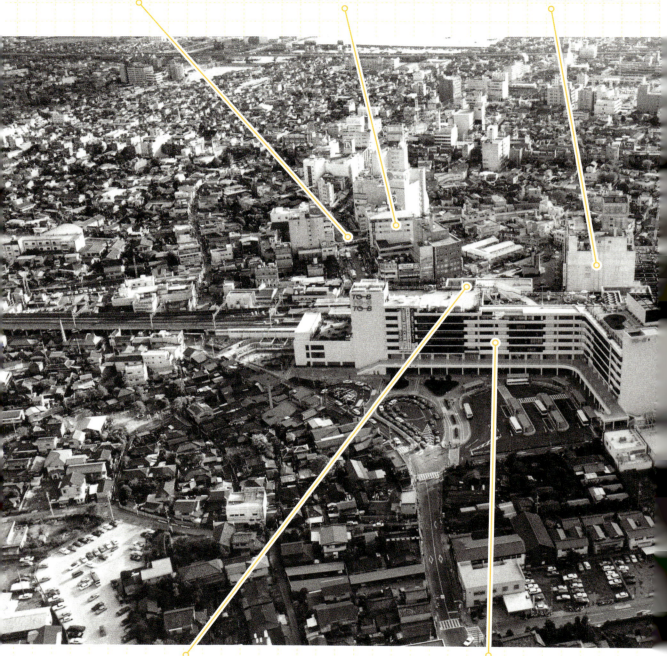

総武線・船橋駅
「東武百貨店」に隠れているが、総武線には1970年に高架駅となった船橋駅が置かれている。この3年前の1967年に南口広場が開設されている。

東武百貨店・東武船橋駅
国鉄の船橋駅の北側に店を構える「東武百貨店船橋店」の2・3階には、東武野田線（東武アーバンパークライン）の船橋駅が置かれ、島式ホーム1面2線の高架駅となっている。

現在のJR船橋駅の北口(東武口)。

駅の北側に東武、南側に西武百貨店
船橋駅

開業年：1894(明治27)年7月20日　所在地：船橋市本町7-1-7
路線距離：23.2km(東京起点)　乗車人数：137,173人　駅構造：高架駅　ホーム：2面4線

　この船橋駅の西側で、京成本線は総武線を越えて、今度は南側を走ることになる。JR船橋駅は北に、京成本線の京成船橋駅は南に仲良く並び、この駅周辺は千葉を代表する繁華街となっている。また、船橋駅を起終点とする東武野田線は、JR駅北側の東武百貨店船橋店2・3階から発着している。一方、JR駅南側には、西武百貨店船橋駅が存在し、船橋FACEとともに、JR船橋駅、京成船橋駅とペデストリアンデッキで結ばれている。

　JR船橋駅は1894(明治27)年7月に総武鉄道の駅として開業している。1907年に総武鉄道が国有化され、総武線の主要駅となっていった。1923(大正12)年12月には、北総鉄道(初代、現・東武鉄道野田線)の船橋駅が開業し、連絡駅となっている。

　「船橋」の地名、駅名の由来は、川に舟を浮かべて、人が渡った船橋に由来する。古くは川幅の広かった海老川に小舟を浮かべて繋ぎ、「船橋」を作ったといわれている。この地は江戸時代には宿場町、集積場として栄え、1889年に海神村、五日市村、九日市村が合併して、船橋町が成立した。1937(昭和12)年、船橋町に葛飾町、法典村などが加わり、千葉県で4番目となる船橋市が誕生している。

　船橋駅からは、北側に千葉県道9号、南側に千葉県道39号が伸び、多くの路線バスが南北両側のバスターミナルから発着している。

1977年(昭和52年)

自動車が集まる国鉄船橋駅の北口駅前付近で、「パール駐車場」の看板が見える。奥のホームには列車が停車している。

1982年(昭和57年)

撮影：山田虎雄

幕張本郷駅とともに1981年に開業
東船橋駅

開業年：1981(昭和56)年10月1日　所在地：船橋市東船橋2-10-1
路線距離：25.0km（東京起点）　乗車人数：19,251人　駅構造：地上駅(橋上駅)　ホーム：1面2線

開業から30年余りがたち、地域に根付いた駅となった現在の東船橋駅

　船橋駅から直線で東に進んできた総武線は、次の東船橋駅に至る。船橋駅の隣駅は長らく津田沼駅であったが、1981（昭和56）年10月、幕張本郷駅とともにこの東船橋駅が開業した。一方、京成本線は、京成船橋駅を過ぎると大きくカーブを繰り返して南側に向かうため、総武線とは距離を置くことになる。東船橋駅の南西には、大神宮下、船橋競馬場の2駅が存在するが、ともに連絡には適さない。

　この駅の所在地は東船橋2丁目であるが、北側には市場、駿河台、南側には宮本、谷津などの地名が残っている。駅の南側には千葉県立船橋高校、北西には船橋市立船橋高校が存在している。「市立船橋」「市船」と呼ばれる船橋市立船橋高校は、高校サッカーの名門で、陸上、水泳などの名選手もオリンピック大会などに送り出している。

　東船橋駅から少し離れた東側には、総武線とクロスする形で、千葉県道8号・国道296号がほぼ南北に通っている。このうち国道296号は、成田街道と呼ばれた古道の一部で、JR習志野運輸区（旧津田沼電車区）付近で県道9号と分かれて北西に向かう。津田沼駅の北側、前原駅付近では新京成線と並行して進むこととなる。

開業から2年ほど経った東船橋駅で、白い駅舎も緑のロータリーもまだまだ新しい。バス乗り場も誕生している。

撮影：山田虎雄

東船橋和光台ハイツ
1972年、東船橋駅に近い船橋市市場4丁目に建設されたマンションである。地上7階建て、1号棟と2号棟があり、全戸数は173戸であった。

駅前に空き地が広がり、自転車置き場となっていた頃の東船橋駅。

1981年（昭和56年）

道祖神社
東船橋駅の西側、徒歩5分ほどにある神社で、「船橋名木10選」に選ばれたイチョウの大木で知られる。道祖神は「道六神」と呼ばれる悪霊を防ぐ神様で、境内には愛染明王の石仏もある。

東船橋駅
1981年の10月1日に東船橋駅が開業する前。地上駅であり、ホーム上に橋上駅舎がある。駅付近は碁盤の目状に道路が整備され、駅前南北には大きな広場が設けられている。

イトーヨーカ堂津田沼店

新京成線の新津田沼駅の南側には、1977年から「イトーヨーカ堂津田沼店」が店を構えている。現在、新津田沼駅の北側には「イオンモール津田沼」が誕生している。

長崎屋津田沼店

この「長崎屋津田沼店」は1975年から津田沼駅前に店を構えていたが、西友・パルコ、イトーヨーカ堂、ダイエーなどとの「津田沼戦争」に敗れて、1979年に津田沼から撤退した。

千葉工業大学

千葉工業大学は1952年、旧鉄道第二連隊の兵営、演習地だった津田沼駅南東の用地を入手して、大学本部（キャンパス）を設けた。現在も連隊の表門が、大学の通用門として残されている。

津田沼公園・モリシア津田沼

工事中の風景がのぞくこの場所には、津田沼公園、モリシア津田沼が建設されている。津田沼駅の南口からは、ペデストリアンデッキで結ばれている。

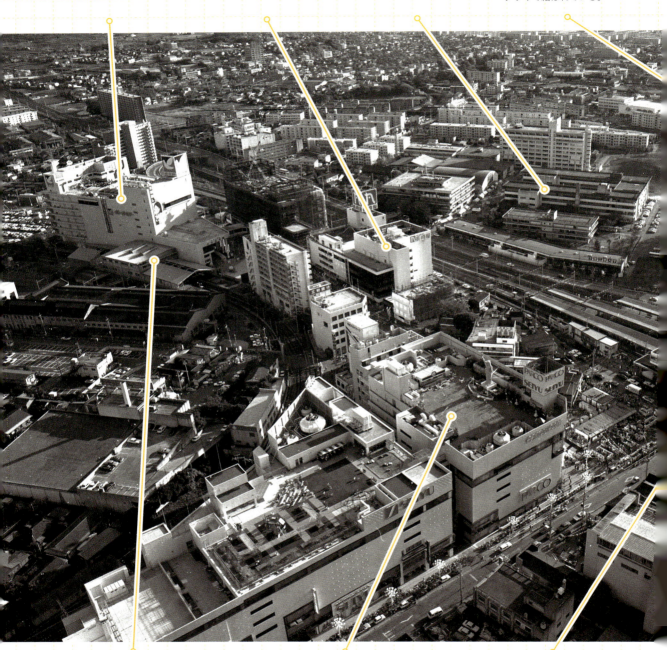

新津田沼駅

1947年に開業した新京成線の新津田沼駅はその後、移転を繰り返し、1968年に4代目駅が現在地に誕生した。1977年に駅ビルが誕生し、橋上駅舎となる。

パルコ・西友津田沼店

1977年、津田沼駅の北口側にパルコ・西友の二館からなる「西武津田沼ショッピングセンター」がオープンした。翌年には、南口側に「ダイエー津田沼店」が開店し、「津田沼戦争」と呼ばれる過酷な競争が勃発した。

津田沼駅

1972年の総武線複々線化に伴い、橋上駅舎となった国鉄津田沼駅である。ホームは島式3面6線の構造で、1・2・3番線が快速、4・5・6番線を各駅停車が利用している。

現在

ペデストリアンデッキが整備された津田沼駅の北口。

習志野市の玄関口、鉄道連隊の名残も
津田沼駅

開業年：1895（明治28）年9月21日　所在地：習志野市津田沼1-1-1
路線距離：26.7km（東京起点）　乗車人数：103,404人　駅構造：地上駅（橋上駅）　ホーム：3面6線

　習志野市の玄関口となる、沿線主要駅のひとつが津田沼駅である。京成本線には京成津田沼駅があるが、少し距離があるため、駅東側に存在する新京成線の新津田沼駅が最も近い連絡駅となっている。2つの駅付近には、パルコ津田沼店やイオンモール津田沼、ミーナ津田沼などが店を構える繁華街が広がっている。また、津田沼駅の南側には、千葉工業大学がキャンパスを構え、習志野文化ホール、モリシア津田沼の複合商業施設が存在する。

　津田沼駅は1895（明治28）年9月、総武越道の駅として開業した。当時の駅周辺には、1889年の町村合併により「津田沼」村が誕生していた。この地名は新しいもので、合併前の主要な村だった「谷津」「久々田」「鷺沼」からそれぞれ一字ずつを取って作られた。1903年に町制が敷かれて津田沼町となり、1954（昭和29）年に習志野市と改称している。

　この津田沼駅付近には戦前、日本陸軍の鉄道連隊が存在した。当初、津田沼には鉄道第一連隊が置かれ、この連隊が千葉に転じた後には、第二連隊が置かれた。その演習線が戦後、新京成線として整備され、連隊本部の跡地は千葉工業大学のキャンパスに変わり、残された鉄道第二連隊正門は、国の登録有形文化財となっている。

1977年（昭和52年）

1979年（昭和54年）

橋上駅舎となった津田沼駅の南口、ペデストリアンデッキ付近の風景である。背景には北口方面に建つ西友・パルコのビル上部が見える。

撮影：山田虎雄

鉄道連隊時代の施設が残っていた頃の津田沼駅付近の新京成線である。右側には総武線を跨ぐ跨線橋がある。上側には廃止された藤崎台駅と、線路上を走る、1両編成の列車も見える。総武線の南側には、千葉工業大学のキャンパスが広がっている。

1959年（昭和34年）

新京成電鉄

総武線

亀戸駅 1958（昭和33）年 ➡ 22ページ

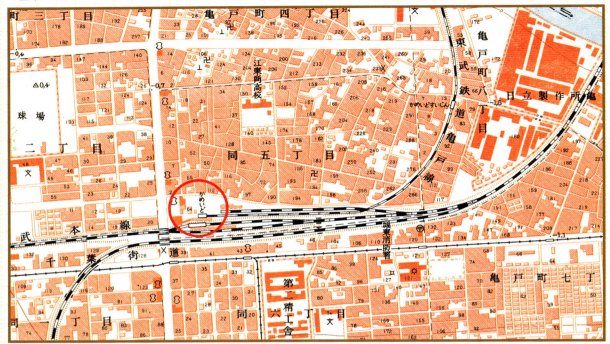

亀戸駅を出た総武線は、カーブしながら北東に向かうが、東武亀戸線はさらに大きくカーブして北に進んでゆく。間もなく亀戸水神駅に到着し、その東側には日立製作所亀戸工場の敷地が広がっていた。一方、亀戸駅の北側には、都立江東商業高校が見えるが、現在は北十間川沿いの地に新校舎を構えている。亀戸天神社は地図外の西側に位置している。駅南側には、第二精工舎が存在し、その西側の専用線を都電砂町線が通っていた。

平井駅 1958（昭和33）年 ➡ 26ページ

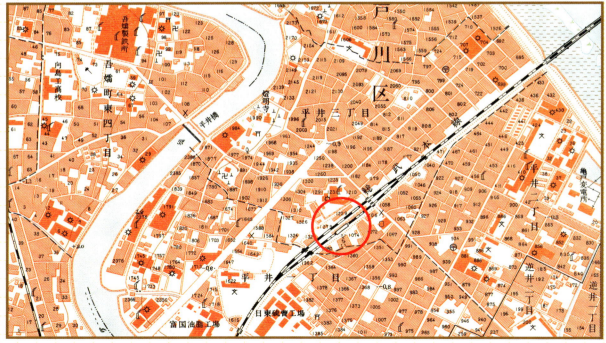

平井駅付近で、総武線の北側を走ってきた蔵前橋通りはまだ先が開通しておらず、平井大橋西詰あたりで止まっている。その先、江戸川に架かる平井大橋は1961年の着工、1966年の竣功のため、この地図上には見えない。一方、駅北西の旧中川には平井橋が架かり、先には向島工業高校、吾嬬製鉄所が見える。向島工業高校は向島商業高校と合併して、現在は都立橘高校となっている。この時期、平井周辺には工場が多かった。

主要駅周辺の地図(2)

新小岩駅　1958(昭和33)年　➡ 28ページ

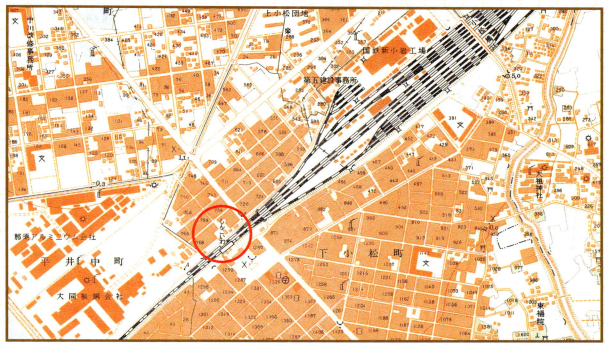

この地図では、新小岩駅付近には工場が目立ち、駅の北東には国鉄の新小岩工場が存在した。かつては新小岩に機関区、操車場も置かれていたが、現在は新小岩信号場駅が残っている。また、西側には大同製鋼会社が存在し、専用線が引かれていた。現在、大同製鋼会社の跡地は新小岩公園、都営西小岩一丁目アパートなどになっている。総武線沿いの南側に見える「文」の地図記号は、葛飾区立小松中学校である。

小岩駅　1958(昭和33)年　➡ 30ページ

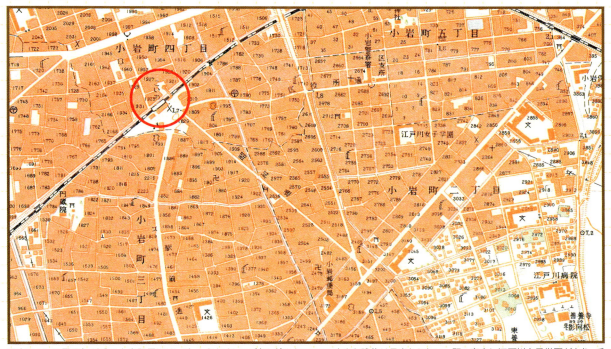

現在も下町の雰囲気が残る小岩駅周辺は、びっしりとオレンジ色に塗られていて、大きな建物は見当たらない。駅の南東に江戸川女子学園があり、千葉街道(国道14号)の先、江戸川沿いに「影向の松」で有名な真言宗豊山派の寺院の善養寺、江戸川病院が存在する。この付近には、「文」の地図記号が示す江戸川区立小岩小学校、東小岩小学校、小岩第一中学校が置かれている。千葉街道を総武線が跨ぐ付近に一里塚交差点がある。

駅の北側に広がる幕張車両センター
幕張本郷駅

開業年：1981（昭和56）年10月1日　所在地：千葉市花見川区幕張本郷1-1-1
路線距離：29.6km（東京起点）　乗車人数：27,655人　駅構造：地上駅（橋上駅）　ホーム：1面2線

　東に進む総武線が習志野市、千葉市の境目を越えて、間もなく到着するのが幕張本郷駅である。総武線には既に幕張駅が存在し、「本郷」が加えられた形である。現在の駅周辺は千葉市花見川区であり、南（海）側は千葉市美浜区である。

　この幕張本郷駅は1981（昭和56）年10月、同じ総武線の東船橋駅と同時に開業した新しい駅である。この駅付近では、京成津田沼駅で京成本線と分かれた京成千葉線が、至近距離を並行して走っており、京成幕張本郷駅が置かれている。京成幕張本郷駅は、JR駅から遅れること10年、1991（平成3）年8月に開業した。

　駅の北側には、総武快速線の上下線に挟まれる形で、幕張車両センターが広がっている。ここはかつての幕張電車区であり、1972年に開設され、2004年に現在の名称となっている。駅の南側を走ってきた京葉道路には、幕張インターチェンジが置かれている。この京葉道路は、幕張本郷駅の東側で、総武線の上を跨ぎ、武石インターチェンジ方面へ向かう。また、南側には総武線とほぼ並行する形で、千葉街道（国道14号）が通っている。

UR都市機構袖ヶ浦団地
習志野市の袖ヶ浦2・3丁目に広がる袖ヶ浦団地は1967年、日本住宅公団（現・UR都市機構）により建設された。千葉県を代表する公団住宅のひとつであり、現存する。

京葉道路
1981年3月6日、この日は国鉄でストライキが行われており、幕張インターチェンジ付近の京葉道路では、大きな渋滞が発生していた。

1978年（昭和53年）

撮影：山田虎雄

1983年に開業した幕張本郷駅南側の橋上駅舎である。堂々たる外観を有しており、現在は京成電鉄との共同使用駅となっている。

現在

JRと京成が共同で使用している現在の幕張本郷駅。

わずか7年半の生涯であった鹿島線直通の電車急行「鹿島」。写真の165系のほか、東海道線から転属した153系も使用された。

撮影・長渡朗

1981年（昭和56年）

京成千葉線
1921年、津田沼（現・京成津田沼）〜千葉間が延伸した京成千葉線だが、この幕張本郷には当初、駅は設置されていなかった。京成の幕張本郷駅の開業は1991年である。

幕張電車区
総武快速線、特急用の車両が係留されている幕張電車区である。総武線の複々線化に備えて、1972年に開設された。2004年に、現在の幕張車両センターに名称が変わっている。

幕張本郷駅
ここには、既に1972年から幕張電車区（現・幕張車両センター）が置かれていた。幕張本郷駅の開業は1981年10月1日であり、その7か月前（3月6日）に撮影されている。駅舎は南側で、駅前広場があった。

幕張海岸

こうした幕張海岸は1970年代に埋め立てられて姿を消していった。埋立地には、幕張東県営住宅のほか、丸紅製鋼、日冷豊産工業、三好石綿工場などが建設されることとなる。

潮干狩り

幕張駅、京成幕張駅の南側は海岸線に近く、1960年代までは海水浴、潮干狩りの人々で賑った。これは1969年4月、幕張海岸のすだての間で行われていた潮干狩りの様子だが、海岸の埋め立てにより、こうした風景は1971年が最後となった。

南口から見た、現在の幕張駅の橋上駅舎。

幕張駅

1894年の開業、海側に幕張メッセ

開業年：1894(明治27)年12月9日　所在地：千葉市花見川区幕張町5-121
路線距離：31.6km（錦糸町駅起点）　乗車人数：15,809人　駅構造：地上駅(橋上駅)　ホーム：2面4線

1978年(昭和53年)

　隣りの幕張本郷駅が1980年代に誕生した新しい駅であるのに対して、この幕張駅は1894(明治27)年12月に開業した古参駅である。当時は、総武鉄道の駅であり、1907年に国鉄の駅となった。この幕張駅の北西には、京成千葉線の京成幕張駅があり、1921(大正10)年に幕張駅として開業し、1931(昭和6)年、「京成幕張」と駅名を改称している。

　両駅の西側には、県道57号が通っている。また、幕張駅から南西には県道205号が伸び、総武線の南側を走る千葉街道(国道14号)に続いている。さらにその南側には、東京湾岸道路・東関東自動車道が通り、湾岸千葉インターチェンジが置かれている。一方、駅の北側には、京葉道路が通り、武石インターチェンジが存在する。

　現在は、千葉市花見川区にある幕張駅だが、開業当時は幕張村で、翌年の1895(明治28)年に町制が敷かれ、幕張村となった。1954年に千葉市に編入され、1992(平成4)年の政令指定都市移行に伴い、花見川区が設置された。さかのぼれば、江戸時代には、この地域に馬加(まくわり)、武石、天戸、長作、実籾の5村が存在していた。このうちの「馬加」は、瓜の名や源頼朝の逸話に由来するともいわれ、ここから「幕張」の地名が生まれたともいわれている。現在では、「幕張」の地名は、幕張メッセの誕生で、全国的に知られるようになった。この幕張メッセの最寄り駅として、JR京葉線に海浜幕張駅が存在する。

　JR幕張・京成幕張駅の北西には、昆陽(秋葉)神社が存在する。ここは、江戸時代に甘藷先生と呼ばれた儒学者・蘭学者の青木昆陽が、当時の下総国千葉郡馬加村(現・千葉市花見川区幕張)で甘藷(サツマイモ)の試作を行い、農村の飢饉を救ったことを顕彰する神社である。昆陽の霊を祀り、1846(弘化3)年に創建された。秋葉神社の境内に存在する。

静かな雰囲気の幕張駅北口には幕張周辺や八千代市を中心に運行している東洋バス、千葉シーサイドバスの本社が所在する。

京成線に「検見川」、JRは「新検見川」
新検見川駅

開業年：1951（昭和26）年7月15日　所在地：千葉市花見川区南花園2-1-1
路線距離：33.2km（東京起点）　乗車人数：23,208人　駅構造：地上駅（橋上駅）　ホーム：1面2線

　幕張駅の東側を流れる花見川を総武線、京成千葉線が並ぶ形で渡り、間もなく京成千葉線には検見川駅が見えてくる。一方、JRの新検見川駅は、少し先の東側に存在する。検見川駅は1921（大正10）年から存在するのに対して、後発である国鉄の駅は、1951（昭和26）年7月に開業した。そのため、「新」を冠した「新検見川」の駅名を名乗ることになった。

　この駅の南側には、東関東自動車道が通り、南北を走ってきた千葉街道（国道14号）と東京湾岸道路（国道357号）が一時的に合流する形となり、南東に進む。東関東自動車道はやがて大きくカーブして北上し、総武線を越えて、宮野木ジャンクション方面に向かう。

　この「検見川」という地名の由来には「低湿地（ケミ）」から来たとする説、徴税検査の「検見・毛見」による説などが存在する。また、現在は区名にもなっている「花見川」は、検見川と同じ由来とされ、花見川が河川名となり、検見川が地名として使用されてきた。江戸時代には、検見川村、畑村、稲毛村があり、1889（明治22）年に3村が合併して、検見川村が成立、1891年に検見川町となり、1937（昭和12）年に千葉市に編入されている。

海上から京葉線の検見川浜駅、総武線の新検見川駅方面を望む。

ロータリーの大きな樹木が印象的な新検見川駅南口の駅前風景である。京成バス、平和交通、千葉海浜交通の多くの路線が発着するバス停が設けられている。

海浜ニュータウン（真砂地区）
現在の美浜区にある海浜ニュータウンは1968年から開発が始まり、1973年から高洲・美浜地区で入居が始まった。既に学校、公園も誕生している。

花見川
検見川とも呼ばれる花見川は現在、印旛放水路の一部で、東京湾に注いでいる。千葉市の西部の区名にもなっている。

幕張埋立地
花見川の東側が既に開発されている一方で、幕張（埋立地）側は更地のままである。1980年代に開発が本格化する。

1978年（昭和53年）

真砂中央公園
団地に囲まれる形で存在する真砂中央公園。大きな池や芝生広場がある。現在は南側には、美浜市役所、美浜文化ホール、美浜消防署が置かれている。

真砂中学校
真砂地区には、真砂第一中学校（1973年開校）と真砂第二中学校（1974年創立）が存在した。2011年に統合されて、千葉市立真砂中学校になっている。

東京湾岸自動車道
2本の千葉街道（国道14号）が走る南側では、国道357号、東関東自動車道の工事が進められている。幕張側は着工前である。

稲毛駅東口

高度経済成長期だった1967年10月、稲毛駅前で撮影された。稲毛駅は開業以来、西口のみだったが、1960年に東口が設置された。これは、駅東口から北側を走る、千葉県道133号へ向かう駅前通りの風景である。

連絡跨線橋

稲毛駅は1978年の駅前の区画整理とともに高架駅に変わっている。この当時は地平駅で、ホームを結ぶ連絡跨線橋が存在した。

稲毛構内タクシー

1959年に創業した地元のタクシー会社である。現在は73台のタクシー、ハイヤーをもつ規模に成長し、本社を京葉線の稲毛海岸駅付近（美浜区高洲）に置いている。

1967年（昭和42年）

1981年（昭和56年）

稲毛駅の快速列車ホームを通過する急行「外房」。総武線の錦糸町～千葉間は複々線化されているが、列車別ホームのため、「緩急接続」には適していない。

撮影：高橋義雄

現在の稲毛駅周辺には、超高層マンションも誕生している。

かつて海水浴場、稲毛浅間神社が鎮座
稲毛駅

開業年：1899(明治32)年9月13日　所在地：千葉市稲毛区稲毛東3-19-11
路線距離：35.9km(東京起点)　乗車人数：50,535人　駅構造：高架駅　ホーム：2面4線

　新検見川駅を過ぎた総武線は、大きくカーブして南東に進むことになる。千葉県道133・134号を越えた地点に、稲毛駅が置かれており、西側には京成千葉線の京成稲毛駅が存在する。この京成稲毛駅の西側には、稲毛浅間神社が鎮座し、稲毛公園が開かれている。この神社付近はかつての海岸線であり、沖合の埋め立てが行われる前は、人気の海水浴場としての賑わいを見せていた。

　明治時代に療養施設として誕生した「稲毛海気療養所」は、後に別荘風旅館「海気館」と変わり、文人たちに愛される宿となっていた。この神社の一の鳥居は海上に存在していたが、現在は内陸部に千葉街道(国道14号)、東京湾岸道路(国道357号)が通っている。

　稲毛駅は1899(明治32)年9月、当時の総武鉄道の幕張～千葉間に誕生している。西側を走る京成千葉線に、京成稲毛駅が開業したのは1921(大正10)年7月である。当時は「稲毛駅」であり、1931(昭和6)年に現駅名の「京成稲毛」に改称している。

　「稲毛」の地名の由来は不詳だが、古代の役人の役職名「稲置(いなぎ)」と関連するともいわれる。江戸時代には稲毛村が存在し、一時は検見川町(村)に合併されたが、1937年に千葉市の一部となり、1992(平成4)年に千葉市稲毛区が生まれている。

通学風景(高校生)
稲毛駅の北側を通る県道133号を西に進むと、小仲台方面に至る。ここには千葉県立千葉女子高校、県立京葉工業高校が存在する。稲毛駅で下車し、両校に向かう生徒が列を成している。

1981年10月1日のダイヤ改正で、稲毛駅には快速列車が停車するようになった。駅前には、この快速停車を祝う横断幕が設置されている。

撮影：山田虎雄

1942年開業、千葉大学の最寄り駅
西千葉駅

開業年：1942（昭和17）年10月1日　所在地：千葉市中央区春日2-24-2
路線距離：37.8km（東京起点）　乗車人数：22,941人　駅構造：高架駅　ホーム：1面2線

大学、高校へ通う学生、生徒も多く利用する西千葉駅。

　西千葉駅の北側には、千葉大学のキャンパスが広がり、その北側には千葉経済大学、敬愛大学のキャンパスも存在する。県立千葉東高校、県立千葉商業高校、千葉経済大学附属高校などの存在もあり、学生、生徒が多く利用する駅である。

　この西千葉駅は、第二次世界大戦のさなか、1942（昭和17）年10月に開業している。現在の駅の構造は島式ホーム1面2線の高架駅で、駅ビル「ペリエ西千葉」が存在する。駅の西側には、京成千葉線のみどり台、西登戸駅があり、連絡可能である。また、北東には、千葉都市モノレールの作草部駅があり、こちらも乗り継ぎ可能である。

　総武線の線路と千葉大学のキャンパスに挟まれる形で細長く続いている西千葉公園はかつて、国鉄の千葉気動車区があった場所である。ここは電化される前、房総方面に向かう気動車（ディーゼルカー）が置かれていた車両基地で、1954（昭和29）年から1975年まで存在した。この公園の南側、千葉大学正門付近には、千葉市立弥生小学校が存在する。

　南側（海側）には、千葉街道（国道14号）が走り、さらに南側をJR京葉線が通っている。この京葉線には、連絡可能な距離の地階駅は存在せず、千葉市役所付近に千葉みなと駅が置かれている。

西千葉駅に到着する201系は1982年に登場した。首都圏でこの形式は引退したが、関西の大和路線やおおさか東線などでは今も運転されている。

京成千葉線
1921年に津田沼～千葉間が開通。当時は京成の本線で、後に京成千葉線となった。開業からしばらくして、浜海岸（現・みどり台）、千葉海岸（現・西登戸）駅が置かれた。

弥生小学校
1953年に登戸(のぶと)小学校から分離する形で、千葉市立弥生小学校が開校した。その後、轟町小学校、緑町小学校が独立している。

千葉大学
1949年に開学した千葉大学は、当初、県内に施設が点在していたが、1962年に東京大学生産技術研究所の敷地を譲り受け、この西千葉キャンパスへの移転が始まった。

千葉商業高校
1901年に創立された千葉町立千葉商工補習学校に起源をもつ学校で、1935年に現在地に移転してきた。1950年に千葉県立千葉商業学校となっている。

1975年（昭和50年）

提供：国土地理院

西千葉駅
1942年に西千葉駅が開設され、戦後は駅周辺で宅地化が進んだ。この当時は現在の駅ビル「ペリエ西千葉」がなく、地平駅で跨線橋が存在した。

地図外　東京大学生産技術研究所
1942年に東京帝国大学第二工学部の広いキャンパスが誕生した。1952年に東京大学生産技術研究所と変わり、1962年に六本木に移転した後は、一部が千葉実験所として残され、東京大学西千葉職員宿舎にも転用された。

千葉市の玄関口、総武・外房線が接続
千葉駅

開業年：1894（明治27）年7月20日　所在地：千葉市中央区新千葉1-1-1
路線距離：39.2km（東京起点）　乗車人数：104,503人　駅構造：地上駅　ホーム：5面10線

現在も巨大駅へと進化し続ける千葉駅。

　総武線と外房線が分岐するJR千葉駅は、京成千葉駅との連絡駅であり、千葉都市モノレール（タウンライナー）とも接続している。千葉県の県庁所在地、千葉市の玄関口であり、近年は大きく整備されて、広いエキナカをもつ巨大駅に発展している。

　千葉駅は1894（明治27）年7月、総武鉄道（現・総武線）の開通時に開業した。当時は現在とは異なる場所、約800m東側の現・千葉市民会館付近にあった。その後、房総鉄道（現・外房線・内房線）が乗り入れて、総武鉄道とともに国有化されると、東京方面からの列車は房総方面に向かう際にスイッチバックを行う不便さが生じたため、1963（昭和38）年4月、千葉機関区があった現在地に移転している。

　現在の駅の構造は、島式ホーム5面10線をもち、東側に駅ビルがある。ここからは東に側向かい千葉駅前大通りが伸び、南側を進んできた千葉街道（国道14号）が佐倉街道（国道51号）に変わる。また、1967年に国鉄千葉駅前駅として開業した、京成千葉駅の南側には、そごう千葉店が存在する。1991（平成3）年には千葉都市モノレール（タウンライナー）2号線、1995年には同1号線が開業して千葉駅が誕生した。

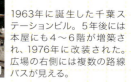

1963年に誕生した千葉ステーションビル。5年後には本屋にも4～6階が増築され、1976年に改装された。広場の右側には複数の路線バスが見える。

撮影：梅本義則

千葉駅ホーム
1963年4月28日、千葉駅が現在地に移転し、スイッチバック運転の不便さが解消された。この写真は2日前（26日）に撮影されている。4面8線の島式ホームが真新しい姿である。

外房線
新しい千葉駅が誕生する以前、房総方面からの列車は、右奥（地図外）にあった旧千葉駅へ向かい、両国方面にはここでスイッチバック運転を行っていた。新駅誕生で、その不便さは解消された。

千葉ステーションビル
千葉駅の移転に伴い、駅の北東には駅ビル「千葉ステーションビル」が建設され、商業施設を有した「民衆駅」となった。1968年には、本屋の4〜6階も増築されている。

総武線
千葉ステーションビルを挟む形で、総武線と外房線が分かれている。総武線は大きくカーブする形で北東に進み、旧千葉駅があった方向に向かう。その後、1965年に東千葉駅が開業した。

1963年（昭和38年）

京成千葉線
高架線となった国鉄の南側には、京成千葉線の線路、踏切が見える。この後、1967年に「国鉄千葉駅前」駅が開業し、1987年に「京成千葉」に駅名を改称している。

外房線ホームに停車している気動車急行「そと房」。左側の客車が停車しているホームは総武本線と成田線が発着するホームである。

1970年代

撮影：梅本義則

1963年に移転してきた国鉄千葉駅周辺の空撮写真であり、1967年に開業した京成の国鉄千葉駅前(現・京成千葉)駅のホームが見える。同じ年には巨大デパートに発展する「そごう千葉店」が開店し、駅前通り方面にもビルが建ち並ぶようになった。

1971年
（昭和46年）

1911年に竣工した先代の千葉県庁である(1963年に解体)。石造りで、ルネッサンス風の優美な建物だった。その奥には建設中の千葉県庁中庁舎(1963年に完成)が見え、現在も使用されている。奥には境川の流れがあり、左側の道路には現在、千葉都市モノレールが通り、終点駅の県庁前駅が置かれている。

1962年
(昭和37年)

1983年、国鉄京葉線の建設が進められていた千葉市中央区の千葉港、美浜区の幸町付近の空撮写真である。中央に千葉市役所、その左側に港公園が誕生している。港公園の北西には、京葉線の千葉みなと駅が誕生することとなる。右側には、千葉街道(国道14号)が走っている。

1983年
(昭和58年)

市川駅 1958（昭和33）年 ➡ 36ページ

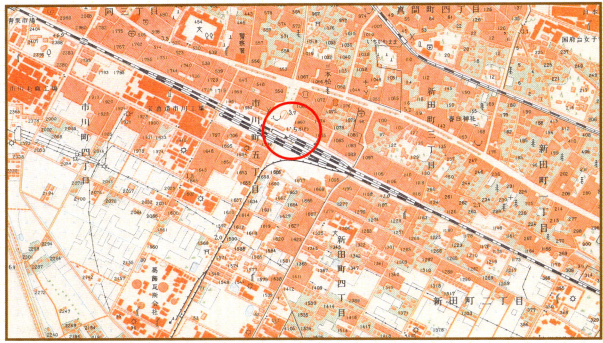

この時期、市川駅から南西の葛飾瓦斯会社、北越製紙工場方面へ引き込み線が延びていた。市川四丁目付近は、以前は「見附田」「第六天前」と呼ばれていた場所で、工場も点在するが、まだ多くの農地が残っていた。一方、北側には千葉街道（国道14号）が通り、南下してきた京成本線には市川真間駅が置かれている。地図左上に見える「文」の地図記号は、市川市立市川小学校である。駅北側には「三本松」の古い地名が見える。

本八幡駅 1958（昭和33）年 ➡ 38ページ

地図上を真っすぐに走る総武線に対して、千葉街道（国道14号）、京成本線は緩やかなカーブをして進んでゆく。国鉄には本八幡駅、京成には京成八幡、鬼越駅が置かれている。千葉街道の南側には、不知八幡森が存在し、この時期から市川市役所はその北東に置かれていた。市川市役所は現在、改築中であり、本八幡駅の南側に仮移転している。京成本線の北側には、葛飾八幡宮が鎮座し、境内に図書館、公民館が見える。

主要駅周辺の地図（3）

西船橋駅 1953（昭和28）年 ➡ 42ページ

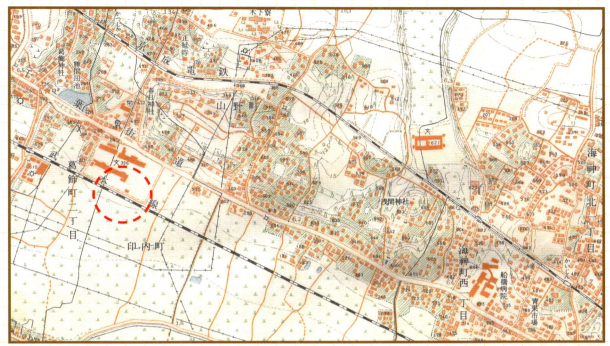

京成本線には葛飾、海神の2駅が見えるが、国鉄線上には駅が存在しない。京成の葛飾駅は現在の京成西船駅であり、現・JRの西船橋駅はその南側に位置する。葛飾駅の南側には、葛飾神社、勝間田池があったが、勝間田池はその後に埋め立てられ、現在は船橋市役所出張所、葛飾幼稚園などが置かれている。この付近から北に向かえば、JRA中山競馬場に至る。一方、海神駅の付近には船橋病院、青果市場などが存在した。

船橋駅 1953（昭和28）年 ➡ 44ページ

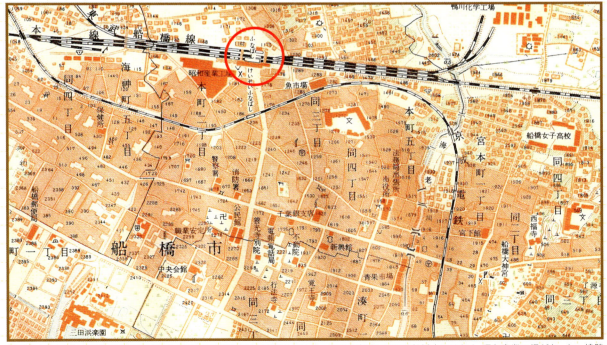

地図の中央上には、国鉄の船橋駅があり、南側に京成船橋駅が置かれている。両駅の中間には西武船橋店ではなく、昭和産業工場があった。線路に挟まれた東側には魚市場が存在していた。京成線の南側に見える「文」の地図記号は、船橋市立船橋小学校である。大きくカーブして南東に向かう京成本線の東側には船橋女子高校、西福寺、船橋大神宮がある。地図左下には遊園地・割烹旅館のある三田浜楽園が存在した。

佐倉街道（左側）
千葉県道64号千葉臼井印西線は、この都賀駅付近では佐倉街道と呼ばれている。都賀駅の南西で総武線と交差している。

西友都賀店
1974年にオープンした西友の都賀店。3階建てで、3階には100円ショップのセリアが入店している。

都賀駅付近の千葉都市モノレール。起伏の多い道路上に建設を予定したためにこう配に強い懸垂式を採用したという。

美しの森公園
都賀駅の南西、総武線の線路沿いにある約1ヘクタールの広さの公園で、子供向けの広場、野球場があり、ジョギングを楽しむ人の姿もある。

都賀駅
1965年に仮乗降場となり、1968年に駅に昇格した都賀駅は、当初から橋上駅舎を有していた。現在は、千葉都市モノレールとの接続駅となっている。

若葉区役所
1992年、千葉市に若葉区が誕生。区役所の庁舎は都賀駅の南東に置かれている。最寄り駅は都賀駅だが、千葉都市モノレールの桜木駅も至近距離にある。

総武線と千葉都市モノレールの連絡駅
都賀駅

千葉都市モノレールとの連絡駅となって乗降客も増えた、現在の都賀駅。

開業年：1968(昭和43)年3月28日　所在地：千葉市若葉区都賀3-3-1
路線距離：43.4km(東京起点)　乗車人数：20,383人　駅構造：地上駅(橋上駅)　ホーム：1面2線

　都賀駅は現在、総武線と千葉都市モノレールの連絡駅となっている。駅の南西には、千葉市若葉区役所が置かれ、若葉区の玄関口のひとつである。駅の西側には佐倉街道(千葉県道64号)、東側には県道51号が通っている。

　この都賀駅は1912(大正元)年11月、まず都賀信号所としてスタートし、1922年に都賀信号場となった。1965(昭和40)年9月、総武線の千葉〜四街道間が複線化された際に都賀仮乗降場となり、1968年3月、都賀駅に昇格した。1988年には千葉都市モノレールの都賀駅が開業し、連絡駅となった。現在の都賀駅は、島式ホーム1面2線の地上駅であり、橋上駅舎を有している。

　「都賀」という地名・駅名は新しいもので、1889(明治22)年に西寺山村、殿台村など10村が合併した際に、都賀村が誕生している。1937(昭和12)年、蘇我町、検見川町などとともに千葉市に編入され、その一部となった。1992(平成4)年、この都賀駅がある一帯は千葉市若葉区となり、一部は花見川区、中央区に分かれている。

提供：国土地理院

橋上駅舎に向かう外階段の下には、「祝都賀駅開業」の簡素なゲートが設けられている。駅舎には「祝都賀駅落成」の横断幕も見える。

撮影：山田虎雄

4つの街道が交わる古い交通の要地
四街道駅

開業年：1894(明治27)年12月9日　所在地：四街道市四街道1-1-1
路線距離：46.9km（東京起点）　乗車人数：22,121人　駅構造：地上駅（橋上駅）　ホーム：2面3線

駅前から住宅地が広がる、現在の四街道駅南口。

　四街道市の玄関口である四街道駅は、その名の通り、成田山道（大日五差路方向）、千葉町道（都賀方向）、東金道（四街道駅方向）、船橋道（長沼方向）の4つの街道が交わる場所である。駅の南西にある「四街道十字路」には、1881（明治14）年に建てられた道標石塔が残されている。現在は、佐倉街道（千葉県道64号）、御成街道（千葉県道66号）が通っている。

　四街道駅は1894年12月、総武鉄道の駅として開業しており、このときは「四ツ街道」の駅名だった。1907年9月、総武鉄道の国有化により国鉄の駅となり、11月に現駅名「四街道」に改称している。2003（平成15）年に駅ビルが全面オープンした。現在の駅の構造は、単式ホーム1面1線、島式ホーム1面2線を有する地上駅で、1981（昭和56）年から橋上駅舎が使用されている。

　1955年、千代田町と旭村が合併して四街道町が生まれ、1981年に市制が敷かれ、四街道市が誕生した。駅の北側には、四街道市役所が置かれており、その西側に愛国学園大学のキャンパスがある。

撮影：山田虎雄

橋上駅舎に変わって間もない頃の四街道駅。駅前には、まだ整備されていない土地が残っていた。

千葉敬愛高校
1925年に関東中学校として創立され、戦後の1948年に千葉関東高校となった。1958年に現校名の千葉敬愛高校に変わり、1964年に現在地に移転した。2006年に新校舎が誕生している。

佐倉街道（県道64号）
南西にある四街道十字路から進んできた佐倉街道は、大日交差点を右折して北東に向かう。現在の国道64号は、四街道十字路から総武線に沿って駅前に至り、北上する形になっている。

ミニ駅ビル「JR四街道ビル」がある四街道駅の北口。2階で駅コンコースとつながっている。

現在

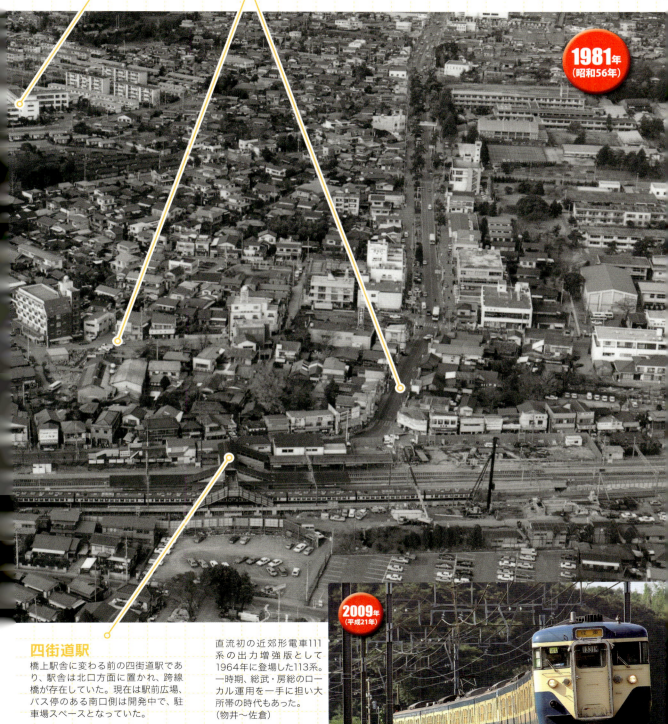

1981年（昭和56年）

四街道駅
橋上駅舎に変わる前の四街道駅であり、駅舎は北口方面に置かれ、跨線橋が存在していた。現在は駅前広場、バス停のある南口側は開発中で、駐車場スペースとなっていた。

直流初の近郊形電車111系の出力増強版として1964年に登場した113系。一時期、総武・房総のローカル運用を一手に担い大所帯の時代もあった。（物井～佐倉）

2009年（平成21年）

総武線の終点駅、銚子電気鉄道と接続
銚子駅

開業年：1897（明治30）年6月1日　所在地：銚子市西芝町1438
路線距離：120.5km（東京起点）　乗車人数：3,365人　駅構造：地上駅　ホーム：2面4線

「奇跡のぬれ煎餅」販売で有名になった銚子電鉄。銚子〜外川間を結んでいる。

　総武線の終点である銚子駅が存在する銚子市は、太平洋に面した利根川の河口にあたり、銚子港は全国に有名な遠洋漁業、特にマグロの水揚げ港として有名である。また、醤油の生産地としても有名で、「ヒゲタ醤油」「ヤマサ醤油」の発祥地である。

　銚子駅は1897（明治30）年6月、総武鉄道の終点駅として開業している。1907年に総武鉄道が国有化されて、国鉄の駅となり、1923（大正12）年に銚子電気鉄道の銚子駅が開業して、連絡駅となった。駅舎は現在、改良工事中であり、2017年度に完成予定である。この銚子駅からは、新生（貨物駅）に至る貨物支線、さらに漁港方面に伸びる臨港線が存在したが、現在はともに廃止されている。

　「銚子」の地名、駅名来は、利根川が太平洋に注ぐ形が、酒器の「銚子」に似ていることに由来する。もともとは「銚子口」という地名が使われており、1889年に新生、荒野、今宮の3村が合併して、銚子町が誕生した。1933（昭和8）年、この銚子町と本銚子町、西銚子町、豊浦村が合併して、銚子市が生まれた。

1971年（昭和46年）

終着駅の雰囲気を漂わせている総武線の銚子駅。手前右側には、駅前交番がのぞいている。駅舎は2016年10月から、建て替え工事が行われている。

撮影：山田虎雄

銚子大橋
利根川に架かる銚子大橋は1962年に架橋され、当初は通行料が必要(有料)だった。現在の橋は2013年に完成した総延長1500メートルの2代目で、国道124号が通っている。

利根川
「坂東太郎」と呼ばれる利根川は、関東第一の大河で、この銚子市付近で太平洋に注いでいる。江戸時代には、小名木川、江戸川などを通した航路があり、江戸と銚子は水運で結ばれていた。

神栖市
利根川を隔てた銚子市の対岸は、神栖市となっている。2005年、神栖町が波崎町を編入する形で神栖市が成立した。北側の鹿嶋市とともに、鹿島臨海工業地帯を形成している。

太平洋
このあたりの太平洋は鹿島灘と呼ばれ、北側には鹿島港が存在する。夏には波崎、日川浜の海岸が海水浴場、キャンプ場として賑う。

1980年(昭和55年)

銚子漁港
利根川の河口に開かれた銚子漁港は、イワシ、サバを含めた水揚げでは全国有数であり、遠洋漁業のマグロが水揚げされる場所としても有名である。

銚子駅に停車中の特急「しおさい」。1975年から定期運用されていた183系は2005年に255系、E257系に置き換えられた。

2005年(平成17年)

撮影:柳川知章

COLUMN 01

総武線・京成線の記念切符類

長い歴史をもつ総武線、京成線には、新旧さまざまな駅が存在し、時代とともにその姿を変えてきた。各駅では節目の行事などの際に、それを記念する切符類（乗車券・入場券）を発行してきた。ここでは東京駅、両国駅、幕張本郷駅、京成上野駅のものを紹介する。

提供：生田 誠

◎京成上野駅改良工事完成一周年記念乗車券（1977年）

◎総武線地下駅開業10周年記念入場券（1982年）

◎両国駅改築50周年記念入場券（1979年）

◎幕張本郷駅開業記念乗車券（1981年）

2章 京成線

- 京成上野駅
- 日暮里駅
- 千住大橋駅
- 押上駅
- 京成立石駅
- 青砥駅
- 京成高砂駅
- 柴又駅
- 京成船橋駅
- 谷津駅
- 京成津田沼駅
- 八千代台駅
- 勝田台駅
- ユーカリが丘駅
- 京成臼井駅
- 京成成田駅
- 成田空港駅
- 新鎌ケ谷駅
- 千葉ニュータウン中央駅

京成本線の起終点駅、1933年開業
京成上野駅

新しい駅名表示板になっている京成上野駅。

開業年：1933（昭和8）年12月10日　　所在地：台東区上野公園1-60
路線距離：0.0km　　乗降人員：46,432人　　駅構造：地下駅　　ホーム：2面4線

　京成本線の起終点駅である京成上野駅は、JR上野駅の南西に位置し、上野山（竹の台）の南側、不忍池の東側にあたる。地下駅であり、中央通りに面した正面口と池之端口（2か所）がある。

　京成にとっての念願だった都心のターミナル乗り入れ、上野への延伸を果たしたのは1933（昭和8）年12月10日である。開業当初の駅名は「上野公園」駅で、文化財の建物や木々の多い上野公園、寛永寺の保護のため、地下駅でのスタートとなった。当初から、島式ホーム2面4線の構造だったが、ホームの長さは短かった。

　1953（昭和28）年5月に駅名が改称されて、「京成上野」に。昭和40年代には、車両の増強、成田空港方面に向かうスカイライナーの運転に合わせるなどして、何度かの駅改良工事が行われている。現在の形になったのは、1976年である。

　京成上野駅の周辺には、JR上野駅のほか、東京メトロ銀座線、日比谷線の上野駅も存在する。また、南側には都営地下鉄大江戸線の上野御徒町駅とともに、銀座線の上野広小路駅も置かれている。中央通り沿いには、老舗百貨店の松坂屋上野店も存在する。

撮影：山田虎雄

上野公園の西郷隆盛銅像付近に上る階段の西側に開かれている京成上野駅の地上出入口。「京成電鉄のりば」の看板が目立つ。

上野公園
正式名称は上野恩賜公園で、1873年に東京府公園に指定された。恩賜上野動物園、東京国立博物館、国立西洋美術館、国立科学博物館など、多くの文化施設が存在する文化ゾーンである。

京成上野駅出入口
1933年の京成本線の延伸により、上野公園南側の地下に「上野公園」駅として開業した。地上出入口は、この正面口のほか、2か所の不忍口が設けられている。

西郷隆盛銅像
上野の山のシンボルといえる西郷隆盛銅像は、1898年に建立された。高村光雲の作で、連れている愛犬「ツン」は後藤貞行の作である。

1976年（昭和51年）

中央通り
現在は東京メトロ銀座線が地下を走る中央通りには、かつて都電が走っていた。それ以前、このあたりは寛永寺の参道にあたる3つの橋がある「三橋」という場所で、甘味店にその名が残っている。

上野警察署公園前交番
上野公園の入り口、中央通りに面して置かれており、西郷隆盛銅像と同様、上野山下に目を光らせている。

じゅらく
上野駅前、西郷隆盛銅像の下には、ランドマーク的存在である大衆食堂「聚楽台」があった。2008年に閉店して、跡地には2012年に年に飲食店ビル「UENO3153（西郷さん）」がオープンした。

1978年（昭和53年）

日本を代表する文化ゾーンとなっている恩賜上野公園。もともとは東叡山寛永寺の境内で、今も五重塔、清水堂などが残る。中央に見える、堂々たる構えの東京国立博物館本館は、1937年に関東大震災からの「復興本館」として竣工した。

JR線、日暮里・舎人ライナーと接続
日暮里駅

開業年：1931（昭和6）年12月19日　所在地：荒川区西日暮里2-19-1
路線距離：2.1km（京成上野起点）　乗降人員：101,154人
駅構造：地上駅・高架駅　ホーム：地上1面1線、高架2面1線

小ぶりな改札口をもつ現在の京成日暮里駅。

　京成本線とJR線、日暮里・舎人ライナーの接続駅となっている日暮里駅は、荒川区と台東区の境界付近に位置している。江戸時代に、「一日中過ごしても飽きない里」という意味の「日暮里（日暮らしの里）」があり、明治時代には日暮里村が、大正から昭和にかけては日暮里町が存在した。JR線は、山手線、京浜東北線、常磐線の列車が停車し、山手・京浜東北線の西日暮里駅、常磐線の三河島駅とは距離も近い。東京メトロ千代田線の西日暮里駅、千駄木駅も足を延ばせば、連絡が可能である。

　京成の日暮里駅は1931（昭和6）年12月に開業している。このときに従来の本線上にある青砥駅から、9.4kmの路線延長が実現し、国鉄線と連絡する日暮里駅が新しいターミナルとなった。その2年後の1933年、念願の上野延伸を果たし、途中駅となったものの、現在もJR各線、新しく加わった日暮里・舎人ライナーと連絡し、利用客は多い。さらに、2010（平成22）年7月、成田空港に至る新ルート、成田スカイアクセス（成田空港線）が開通し、スカイライナーを利用して成田空港へ向かう時間が短縮されている。

　この日暮里は、新旧の顔を合わせ持つ駅・街である。新しい要素は、成田スカイアクセス、日暮里舎人ライナーの鉄道駅としての顔であり、古い要素は「谷根千」の観光地・谷中、千駄木の玄関口の顔である。ここに古い伝統をもつ台東・文京区と新しく発展する荒川区との境界に近い、日暮里の一面を見ることができる。

尾久橋通り
鶯谷駅前方面から国鉄線に沿って走ってきた尾久橋通り（都道58号）は、この先、西日暮里駅前から北に方向を変え、尾久橋、扇大橋で、隅田川、荒川を越えてゆく。

鶯谷駅
約1.1km離れた鶯谷駅が見えている。鶯谷駅の開業は1912年で、山手線・京浜東北線の列車が停車する。上野公園の東京国立博物館、東京芸術大学などの最寄り駅でもある。

天王寺
日暮里駅の谷中（台東区）側、南口付近には、天台宗の寺院、天王寺が存在する。かつては日蓮宗の寺院で、幕府公認の富くじを売ることができた「江戸の三富」のひとつであった。

京成日暮里駅
国鉄日暮里駅の北側にある京成日暮里駅は、1931年に開業している。現在はこの北側から日暮里・舎人ライナーが発着している。

国鉄日暮里駅
日本鉄道時代の1905年に開業し、1928年頃に北寄りの場所から現在地に移転した。東北・上越・北陸新幹線はこの日暮里駅から南側では、地下を走ることとなる。

本行寺
江戸城を築城した武将、太田道灌の孫、太田資高が1526年に江戸城内に建立し、1709年に現在地に移転した。日蓮宗の寺院で、江戸時代には「花見寺」として文人墨客に愛された。

バラック風の簡素な建物だった京成の日暮里駅。「日暮里駅」の看板も小さかった。

1982年（昭和57年）

撮影◎毎日新聞社

1959年（昭和34年）

都電、都バス、京成電車が顔を合わせた昭和時代の千住大橋駅前の風景。21系統の市電は北千住行きである。

撮影：石本祐吉

撮影：池田信

国道4号
千住大橋で隅田川を越えた国道4号は、さらに進んで千住宮元町の交差点で尾竹橋通り（都道461号）と交差する。さらに今度は千住新橋で荒川を越えて、北千住に至る。

千住仲組停留場（都電）
北千住方面に向かう東京市電（都電）は1912年に三ノ輪橋から延伸し、千住大橋（手前）に至った。1928年にこの千住仲組を通り千住四丁目まで延伸し、1968年に廃止された。

千住大橋駅
千住大橋駅は1931年の開業で、現在は快速、普通が停車する駅となっている。この頃は駅前に国道4号の上を走る都電の千住仲組停留場が置かれていた。

現在

1973年に竣工した現在の千住新橋(新橋)。

隅田川最古の橋、千住大橋付近に存在
千住大橋駅

開業年：1931(昭和6)年12月19日　所在地：足立区千住橋戸町11-1
路線距離：5.9km（京成上野起点）　乗降人員：14,992人　駅構造：高架駅　ホーム：2面4線

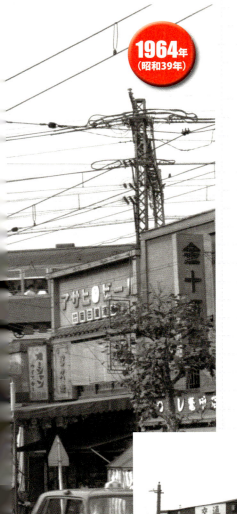

1964年（昭和39年）

　隅田川を越えて、東に進む京成本線が足立区に入って最初の駅が千住大橋駅である。この千住大橋駅は文字通り、隅田川に架かる千住大橋のすぐ北に位置する。駅の目の前を日光街道・奥州街道（国道4号）が通り、その先の北東にはJR、東武、東京メトロ つくばエクスプレスの北千住駅が存在する。また、千住大橋を渡った南東にはJR、東京メトロ つくばエクスプレスの南千住駅があり、北千住駅とはほぼ同じくらいの距離である。

　千住大橋駅の開業は、1931（昭和6）年12月で、このとき、京成本線は日暮里駅まで延伸している。現在の駅の構造は、島式ホーム2面4線の高架駅で、すぐ東側で日光街道を越えて京成関屋駅方面に向かう。また、その先でJR常磐線、東京メトロ日比谷線 つくばエクスプレスを跨ぐ形になる。

　江戸時代には、日本橋を起点とする五街道のひとつ、日光街道（奥州街道）の最初の宿場として千住宿が置かれており、千住宿は「江戸四宿」の中でも最大の宿場だった。また、千住大橋は、1594（文禄3）年に架橋された隅田川最古の橋とされるが、現在は1927（昭和2）年に竣工した旧橋、1973（昭和48）年に竣工した新橋が架かっている。

　千住大橋が架かる隅田川は、荒川区と足立区との区境となっている。JR常磐線では、南側に南千住駅、北側に北千住駅が存在する。現在の北千住は、東京芸術大学の千住キャンパス、東京芸術センターが誕生するなど、新しい文化の波が押し寄せている。

1955年（昭和30年）

1927年に竣工した千住大橋(旧橋)。親柱には「注意一秒　怪我一生」の標語が書かれている。隅田川には舟も見える。

観光名所、東京スカイツリーのお膝元
押上駅

開業年：1912（大正元）年11月3日　所在地：墨田区押上１−10−２
路線距離：0.0km（押上起点）　乗降人員：209,531人　駅構造：地下駅　ホーム：２面４線

地下駅の押上駅周辺（地上）は、東京スカイツリー誕生を機に整備された。

　東京の新しい人気観光スポットとなって、内外から多くの観光客が押し寄せる街となっているのが「押上」である。2012（平成24）年５月、東京スカイツリーの誕生により、周辺地区の川や公園が整備され、マンションなどの数も増加した。近隣では、ツリーのお膝元だけでなく、少し離れた場所にまで、「押上」を冠したマンションが増えているという。

　この押上駅は1912（大正元）年11月、京成本線が開業したときの始発駅だった。しかし、この駅から都心に向かう路線は誕生せず、1933（昭和８）年、日暮里駅を経由した現・本線のルートでの上野乗り入れが実現したため、現在の押上線は支線の扱いとなった。

　1960（昭和35）年、都営地下鉄１号線（現・浅草線）の開通により、都営地下鉄との相互乗り入れが実現し、京成の駅も地下駅に変わった。2003年には、営団地下鉄（現・東京メトロ）の半蔵門線、東武伊勢崎線（現・東武スカイツリーライン）との相互直通運転開始で、両線の押上駅も誕生している。この東京スカイツリーには、２つの玄関口の駅が存在し、西側の玄関口は東武のとうきょうスカイツリー（旧・業平橋）駅、東側の玄関口はこの京成の押上駅となっている。

　「押上」の地名は、江戸時代から存在しており、由来は不詳だが、隅田川沿いの土地に土砂が堆積してゆく様子から名付けられたとか、海に身を投げた弟橘姫の遺品が押し上げられたことが由来という説も存在する。

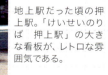

地上駅だった頃の押上駅。「けいせいのりば　押上駅」の大きな看板が、レトロな雰囲気である。

撮影：荻原二郎

TOP押上№.1
向島3丁目の交差点にあるマンションで、杉山商事が管理している。1986年に竣工し、地上10階建てで103戸がある。

都営押上二丁目アパート
都営押上二丁目アパートは、1972年～1982年にかけて、中高層3棟が建設された。1階には飲食店などが入居している。

曳舟川通り
かつての向島のメイン道路で、本所への上水道を掘った際の土で造った土手道だった。その後、四つ木街道として水戸、佐倉方面へのルートとなり、国道6号が開通する前は、水戸街道とも呼ばれた。

1962年（昭和37年）

小梅児童遊園
この緑の見える場所は、墨田区立小梅児童遊園である。1956年に開園した小さな公園だが、ビューポイントアート環境作品と呼ばれる、遊具などが備えられている。

言問通り
言問橋を渡った言問通り（国道6号）は、やがて左折して水戸街道となって、北東に進む。また、そのまま真っすぐ進んだ道路は業平橋駅の北西に至り、角度を変えて、南に向かう。

東武業平橋駅
現在の東武スカイツリーラインのとうきょうスカイツリー駅はこの当時、業平橋駅と呼ばれていた。開業は1902年、当時は「吾妻橋」、その後に「浅草」と変わり、1931年に「業平橋」となっていった。京成押上駅は東側の地上に置かれていた。

津田沼駅 1961（昭和36）年 ➡ 48ページ

地図上の新京成線には、京成津田沼駅に向かうために藤崎台（二代目新津田沼）駅を経由して真っすぐに南東に向かう路線も存在した。しかし、新津田沼駅を経由する路線に一本化するため、1968年に藤崎台駅を通る路線は廃止されている。国鉄の津田沼駅の南西側は開発が進む前で、千葉工業大学とともに、田中工業津田沼工場が存在した。駅の東北からは、津田沼電車区（現・習志野運輸区）に路線が分岐している。

幕張駅 1928（昭和3）年 ➡ 56ページ

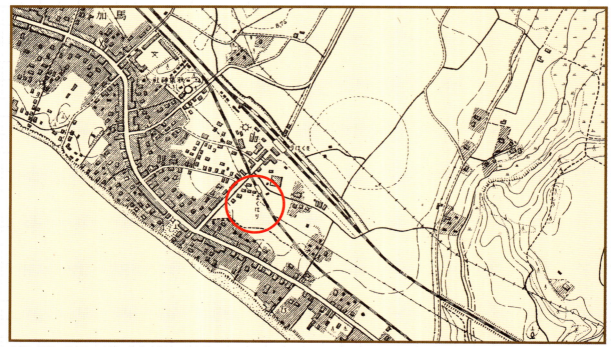

北側に国鉄の幕張駅、南側に京成千葉線の京成幕張駅が並んで存在している。この当時の京成幕張駅は、現在より東側に置かれ、相対式ホーム2面2線の構造だった。現・京成幕張駅は、国鉄幕張駅前から伸びる県道205号の西側、地図上で秋葉神社が存在するあたりに置かれている。その北西の「文」の地図記号は、千葉市立幕張小学校である。まだ海岸線が近く、千葉街道（国道14号）はカーブしながら東に進んでいた。

主要駅周辺の地図（4）

稲毛駅 1928（昭和3）年 ➡ 60ページ

地図の左下、千葉街道（国道14号）が通るあたりが、当時の海岸線である。現在は埋め立てが行われ、稲毛海浜公園、千葉大学サテライトキャンパス美浜、県立稲毛高校などが誕生している。また、JR京葉線が通り、稲毛海岸駅が置かれている。このあたりでは、国鉄の稲毛駅と京成千葉線の京成稲毛駅は、やや距離が離れている。京成稲毛駅の西側には、稲毛浅間神社が鎮座している。この当時は千葉郡の検見川町であった。

千葉駅 1929（昭和4）年 ➡ 64ページ

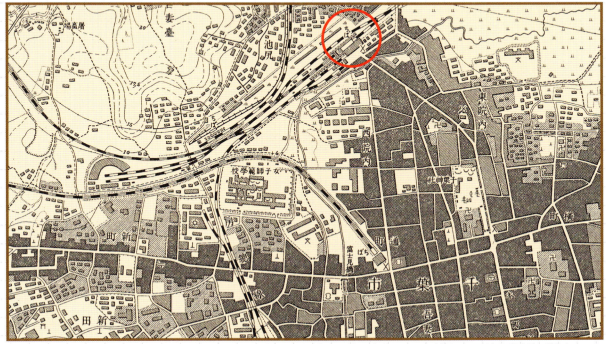

地図の右下には、千葉の市街地が存在するが、この当時の国鉄千葉駅は、少し離れた北側に存在した。この千葉駅は1963年に現在地に移転している。総武線と房総東（現・外房）線の間を東に伸びる京成千葉線の終点駅は、京成千葉駅で、1958年に現在地に移転した。この駅は1987年に千葉中央駅に駅名を改称した。1992年に千葉急行電鉄（現・京成千原線）が大森台駅まで開通し、途中駅に変わっている。

「立石様」の里、レトロな酒場の街
京成立石駅

開業年：1912（大正元）年11月3日　所在地：葛飾区立石4-24-1
路線距離：4.6km（押上起点）　乗降人員：37,916人　駅構造：地上駅　ホーム：2面2線

レトロな雰囲気が残る京成立石駅の駅前付近。

　蛇行して流れる中川の西側に広がるのが立石の街であり、近年は酒にうるさい通の集まることで有名である。この京成立石駅の駅前周辺にも、昭和の香りが漂うレトロな酒場のほか、おしゃれなバルなども誕生し、呑兵衛を魅了している。
　京成立石駅は1912（大正元）年11月の開業で、当時の駅名は「立石」で、1931（昭和6）年11月に現駅名の「京成立石」に改称している。その間の1923年、荒川放水路の開削に伴う、併用軌道から専用軌道への路線変更により、現在地に移転した。1968（昭和43）年に駅舎の改築が行われている。現在の駅の構造は、相対式ホーム2面2線の地上駅で、橋上駅舎を有している。
　この京成立石駅の西側の本田広小路では、水戸街道（国道6号）と平和橋通り（都道308号・都道60号）が交差し、付近には葛飾警察署、葛飾郵便局が置かれている。駅の北側には、葛飾区役所が存在する。また、駅の南側には、奥戸街道（国道60号）が走っている。
　「立石」の地名、駅名の由来は、立石8丁目にある「立石様」から。この石は付近にあった古墳の一部で、その後は古代の官道の道標として使用されており、江戸時代には「根有り石」と呼ばれてきた。現在は祠の中に祀られ、鳥居も建てられている。その存在から、江戸時代に立石村が誕生し、後に本田村に変わっている。

撮影：山田虎雄

駅舎の改築が行われ、橋上駅舎となった京成立石駅の階段には、「立石駅完成記念」のゲートが設けられている。左手には荷物列車が停車している。

立石駅通り商店街に続く京成本線の踏切。駅周辺の立体化工事により、やがて姿を消すことになる。

昭和のレトロ看板

道の両側の商店には昭和時代のレトロな看板が掲げられている。この「オパール万年筆」は、かつての国産ブランドの万年筆だった。

1955年（昭和30年）

立石駅踏切

京成押上線四つ木〜青砥駅間の立体化工事が始まり、京成立石駅の東西に存在した11の踏切が消えることになる。店や人の姿は変わったものの、こうした風景はもう見られなくなる。

京成立石駅

1912年に開業した京成立石（当時・立石）駅は、1923年に現在地に移転した。駅周辺はほとんど再開発が行われおらず、昭和の街が今も残されている。2016年から駅の高架化工事が始まった（2023年完成予定）。

新中川
青砥駅付近で分岐した新中川には、細田橋、三和橋などの橋が架かっている。中川との間には、環七通り（都道318号）が走っている。

中川
この付近の中川は、荒川と新中川の間を大きく蛇行しながら流れている。手前は葛飾区の青戸、立石であり、川の向こう側は奥戸、東新小岩である。

奥戸橋
奥戸街道（都道60号）が中川に架かる奥戸橋である。この先では千葉県道60号（市川四つ木線）となって、千葉県市川市に続いている。

京成押上線
1912年、押上～伊予田（現・江戸川）間の京成本線が開通した。1931年に日暮里駅までの新本線が誕生してからは、青砥駅より西（押上）側は京成押上線となった。

青砥駅
1986年に京成本線、押上線の立体交差化が完成し、中2階をもつ3階建てになった青砥駅である。1・中2階にテナントのユアエルム青戸店が入り、中2階は改札口、2階は上野・押上方面、3階は成田方面となっている。

UR都市機構青戸第一団地
UR都市機構が青砥駅に近い青戸3丁目に1993年に誕生した、戸数1119の大規模団地である。敷地内に認可保育園として、青戸福祉保育園（定員60人）も存在する。

京成本線
青砥から先、日暮里駅までの京成本線は1931年に開業した。後発の路線のため、この青砥駅の手前では大きくカーブして青砥駅に入る形である。

高架駅となっている青砥駅の駅前付近。

鎌倉の武将にゆかり、地名は「青戸」
青砥駅

開業年：1928（昭和3）年11月1日　所在地：葛飾区青戸3-36-1
路線距離：3.4km（京成上野起点）　乗降人員：49,041人　駅構造：高架駅　ホーム：2面4線

　京成本線と京成押上線が分岐する青砥駅の東側には、中川と新中川の分流点があり、中川を渡れば、京成高砂駅が存在する。青砥駅の東側、2つの川の中洲には環七通り（都道318号）が走り、中川には青砥橋が架かっている。環七通りは北側の青戸8丁目交差点で、水戸街道（国道6号）と交わり、その東側には中川大橋が架かっている。
　青砥駅の所在地は葛飾区青戸3丁目であり、表記には「青砥」「青戸」の2つが存在する。この「青砥（青戸）」の地名の由来は、鎌倉時代後期の有名な武将で、『太平記』に登場する、鎌倉・滑川に落とした銭50文の逸話で知られる、青砥藤綱の領地だったことである。中川を渡った高砂側にある大光明寺（旧極楽寺）には、藤綱が奉納したといわれる弁天像、藤綱の供養塔が残されている。
　1912（大正元）年、当時の京成本線の開業時には、立石（現・京成立石）～高砂（現・京成高砂）間に駅は存在せず、1928（昭和3）年11月に青砥駅が開業している。その後、1931（昭和6）年12月、現・京成本線である青砥～日暮里間が開業し、京成押上線との接続駅となっている。現在の駅の構造は、島式ホーム2面4線を有する高架駅であり、同様な構造の駅として近鉄布施駅や京急蒲田駅などがある。

地平駅だった時代の洋風の小さな青砥駅である。奥には歯科医院の洋館も見える。駅前はまだ舗装されていなかった。

本線、金町線、成田空港線、
北総線が連絡

京成高砂駅

開業年：1912（大正元）年11月3日　所在地：葛飾区高砂5-28-1　路線距離：12.7km（京成上野起点）
乗降人員：101,330人　駅構造：地上駅（金町線のみ高架駅）　ホーム：3面5線

多くの鉄道路線が連絡する駅となった、現在の京成高砂駅。

　現在の京成高砂駅は、京成本線、京成金町線、北総鉄道北総線・京成成田空港線（成田スカイアクセス）が東側で三方に分岐する駅となっている。このうち、成田スカイアクセスはこの付近では北総線を利用している。金町線の柴又駅、北総線の新柴又駅は、至近距離に位置している。京成高砂駅の東側には、柴又街道（都道307号）が通っている。

　京成高砂駅は、1912（大正元）年11月に開業している。当時の駅名は「曲金（まがりかね）」で、1913年に「高砂」に変わり、さらに1931（昭和6）年に現駅名の「京成高砂」と改称している。駅の東側には、1912年に設置された車庫から変わった、高砂検車区が存在する。

　1991（平成3）年に北総鉄道北総線（当時は北総開発鉄道）が開通し、2010年にこの北総線経由で成田空港駅に向かう成田空港線（成田スカイアクセス）が開業している。現在の駅の構造は、島式ホーム2面4線の地平ホーム（京成本線、北総線）、単式1面1線の高架ホーム（金町線）をもつ地上駅で、橋上駅舎を有している。

　京成高砂駅周辺は古くから「曲金」という地名であり、開業時の駅名にも採用されていたが、一部に「縁起が悪い」といわれ、まず駅名、続いて地名が変更された。新しい地名である「高砂」は、謡曲（能楽）の曲名から採用され、縁起の良いものである。

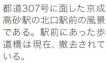

都道307号に面した京成高砂駅の北口駅前の風景である。駅前にあった歩道橋は現在、撤去されている。

高砂車庫
912年、当時の曲金(現・高砂)駅の東側に車庫が設置され、1921年に機械工場も加わった。1963〜68年は、東京都交通局と共同使用していた。現在は高砂検車区となっている。

都営高砂アパート
1963年〜69年にかけて建設された都営高砂アパートは、総戸数1263戸の大規模住宅であるが、建築から半世紀が経過し、建て替え工事が進められている。

京成本線
まだ田畑が残っている中を、京成本線の列車が走っている。この先、柴又街道(都道307号)を越えて進むと、京成小岩駅に至る。

1964年(昭和39年)

新宿町
京成高砂駅の北側は、1932年に東京市に編入され、葛飾区の一部となる前は南葛飾郡新宿町であった。江戸時代には、水戸街道に宿場町「新宿」が存在した。

高砂小学校
1927年、第一奥戸尋常高等小学校の高砂分教場として開設され、1932年に東京市高砂尋常小学校として独立した。戦後、葛飾区立高砂小学校となった。1965年、隣接する場所に高砂中学校が誕生した。

柴又帝釈天（題経寺）
日蓮宗の寺院で、正式な名称は経栄山題経寺。江戸時代の1629年に創建された。夏目漱石の『彼岸過迄』にも登場し、映画『男はつらいよ』で一躍有名になり、下町を代表する観光地としても賑わうようになった。

大和家
1885年創業の老舗で、6代続くてんぷらの店。店の入り口で天ぷらを揚げており、ごま油の香りを参道に漂わせている。天丼が名物だが、ここの草団子もよく知られている。

高木屋老舗
映画『男はつらいよ』の主人公、車寅次郎の実家「とらや（後にくるまや）」のモデルになった店で、1868年創業といわれる老舗である。映画スタッフもこの店で休憩を取っていた。草団子が有名。

撮影：池田信

帝釈天参道・神明会（提灯）
京成柴又駅の北側から帝釈天（題経寺）に続く参道には、柴又門前商店会神明会の加盟店で、食事や土産物を扱う、高木屋老舗、大和家、とらや、立花屋煎餅店などが軒を連ねている。

寅さんグッズ
山田洋次監督、渥美清主演の「男はつらいよ」は、テレビドラマが最初で、映画は1969年から1995年まで、48作のシリーズで上演される大ヒット作となった。舞台となった柴又周辺では、主人公を描いた「寅さんグッズ」が売り出された。

現在

外国人も訪れる、下町の観光名所となった柴又帝釈天。

帝釈天のお膝元、人車鉄道の歴史あり
柴又駅

開業年：1912（大正元）年11月3日　所在地：葛飾区柴又4-8-14
路線距離：1.0km（京成高砂起点）　乗降人員：9,408人　駅構造：地上駅　ホーム：2面2線

1971年（昭和46年）

　「柴又」といえば、「帝釈天」の名で有名な日蓮宗の寺院、題経寺がある場所である。また、江戸川沿いには、老舗の料亭「川甚」があり、演歌でも歌われた「矢切の渡し」ゆかりの地でもある。「男はつらいよ」に登場する「フーテンの寅さん」こと車寅次郎は、映画が生み出した架空の人物ではあるが、その面影と彼が育った街のぬくもりを求めて、この柴又を訪れる人は多い。

　この柴又、帝釈天（題経寺）を訪れる参詣客のために、1899（明治32）年12月、金町～柴又間に帝釈人車鉄道（軌道）が開通した。この「人車鉄道」とは、乗客を乗せた小さな客車を人（夫）が押して運ぶものである。このときに、現在の柴又駅が起終点駅として開業している。この路線は1912年、京成に譲渡されて京成金町線となり、同年10月に曲金（現・京成高砂）～柴又間の路線が開通している。現在は、京成金町線の途中駅であり、相対式ホーム2面2線を有する地上駅となっている。

　駅の北東には、柴又街道（都道307号）の柴又帝釈天前交差点があり、北東には江戸川沿いに金町浄水場が広がる。その南側が題経寺の境内で、柴又公園や葛飾柴又寅さん記念館などが存在する。

1961年（昭和36年）

撮影：石本祐吉

下町情緒が漂う、商店街の提灯が飾られた柴又駅の駅前風景である。金町駅は単線であるが、かつては京成上野、押上駅からの直通列車もあり、広いスペースが設けられていた。

京成上野駅 1956(昭和31)年 ➡ 82ページ

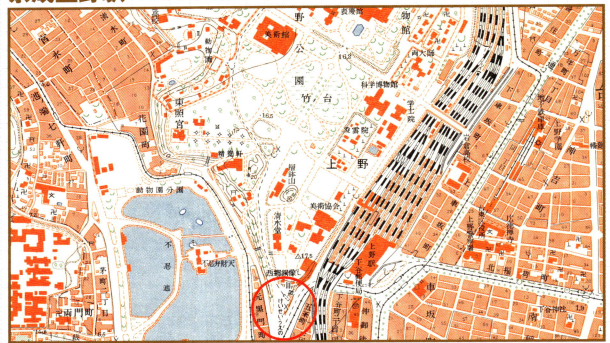

地図の中央下に京成上野駅が置かれ、北側へ地下線が延びている。その西側、不忍池沿いに都電が走る一方で、中央通りと昭和通りを進んできた市電は、国鉄上野駅前で乗り換えが可能だった。戦前から開通していた営団地下鉄(現・東京メトロ)銀座線は、上野駅の北東に車庫が存在した。その東側には上野学園(大学)のキャンパスが存在し、南側には台東区役所、上野警察署がある。首都高速はまだ開通していない。

日暮里駅 1956(昭和31)年 ➡ 86ページ

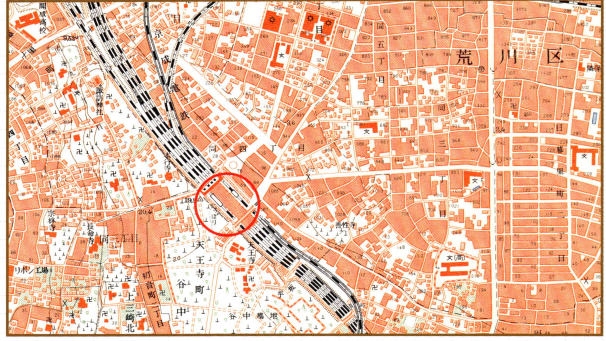

上野・鶯谷方向から進んできた国鉄線はこの日暮里駅を過ぎると、山手・京浜東北線、東北線、常磐線に分かれ、上野公園の下を進んできた京成本線も、北東の新三河島駅に向かう。現在は新幹線、日暮里舎人ライナーが開通し、さらに複雑な模様となっている。南西は天王寺、本行寺など寺院が多い「谷中」で、有名人の墓地も多い谷中墓地がある。古い江戸の面影が残る街で、「谷根千」として外国人観光客にも人気がある。

主要駅周辺の地図（5）

押上駅 1958（昭和33）年 ➡ 90ページ

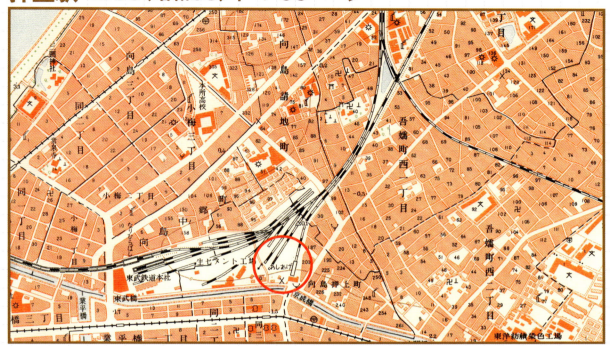

この時代は東武鉄道本社、生セメント工場が存在し、ローカル色の濃かった押上駅、業平橋（現・とうきょうスカイツリー）駅周辺は、東京スカイツリー、東京ソラマチの誕生で、大きく様変わりしている。北十間川には東武橋、京成橋、大横川には業平橋が架かっている。業平橋がある浅草通りには、都電が走っていた。右側に見える路線は、北側の曳舟駅から延びる東武亀戸線で、地図外の右側に小村井駅が置かれている。

青砥駅 1958（昭和33）年 ➡ 96ページ

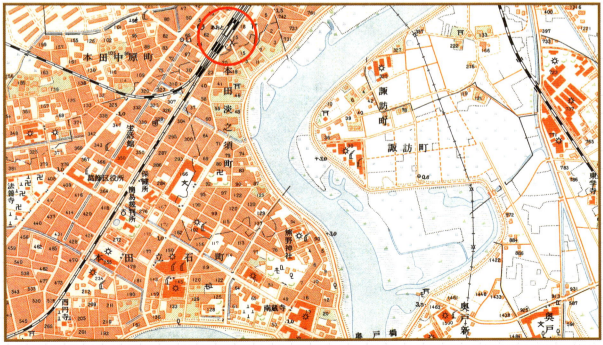

京成本線と押上線が合流する青砥駅は、京成の歴史を知る駅でもある。旧本線だった現・押上線は真っすぐ京成立石駅方面に延びているのに対して、京成本線は大きくカーブして、お花茶屋駅へ延びる。この時代、押上線沿いには、葛飾区役所が置かれていたが、現在は西側の法善寺の先（地図外）に移転している。この北側、工場の地図記号が見える場所は、都立南葛飾高校、葛飾区立清和小学校、立石中学校などに変わっている。

京成船橋駅

海側に塩田、船橋ヘルスセンターの歴史

開業年：1916（大正5）年12月30日　　所在地：船橋市本町1－5－1
路線距離：25.1km（京成上野起点）　　乗降人員：93,955人　　駅構造：高架駅　　ホーム：2面2線

2009年に高架化工事が完成した、現在の京成船橋駅。

　京成本線の主要駅のひとつ、京成船橋駅は1916（大正5）年12月、京成中山駅から延伸した際、終点駅として開業している。当時の駅名は「船橋」であった。1921年7月、船橋〜京成千葉（現・千葉中央）間が開通し、中間駅となっている。1931（昭和6）年11月に現在の駅名である「京成船橋」となった。船橋市役所、船橋市中央図書館の最寄り駅でもある。

　この京成船橋駅は、JR船橋駅の南側にあり、その南側に千葉街道（国道14号）、京葉道路が通っている。さらに南側には、東京湾岸道路（国道357号）・東関東自動車が通り、JR京葉線が寄り添う形で南船橋駅方面に向かう。現在も東側には海老川の河口、入江があり、かつての海岸線は京葉道路付近であった。その先には、塩田が広がっていたが、第二次世界大戦後に大規模な埋め立て工事が行われ、船橋ヘルスセンター、船橋競馬場などが誕生している。

　その後、船橋ヘルスセンターの跡地は、ららぽーとTOKYO－BAYに変わり、船橋オートレース場も生まれている。こうした施設の最寄り駅としては、JR京葉線に南船橋駅があり、京成本線には大神宮下駅、船橋競馬場駅が存在する。

大踏切側から見た地平駅時代の京成船橋駅。上下各線の駅舎の形や色も微妙に異なっている。

船橋ヘルスセンター
1955年にオープンした船橋の名所であり、現在の船橋競馬場駅は「センター競馬場前」という駅名を名乗っていた。遊園地、温泉、ゴルフコース、ホテルなどを備え、大人も子どもも楽しめるレジャー施設だった。1977年に閉園した。

ゴールデンビーチ
この写真のように、船橋ヘルスセンターには人口ビーチの「ゴールデンビーチ」が設置され、夏には海水浴客で賑った。ゴールデンビーチはその後、周囲の埋め立て、水質の悪化などで閉鎖され、オートレース場などに変わった。

東京湾環状道路
現在の東関東自動車道は、1982年に市川ジャンクション・宮野木ジャンクション間が開通している。この当時は、下を走る東京湾環状道路（国道357号）の建設が始まっていた。

写真外　船橋オートレース場
船橋ヘルスセンターの跡地は、北側はららぽーと船橋に変わり、ビーチの南側には船橋オートレース場となった。1950年から船橋競馬場の馬場内で行われていたオートレース（場）は、1968年にこの地に移転して開催されていた（2016年に廃止）。

1969年（昭和44年）

京葉道路
谷津遊園の北側には、京葉道路が走っている。1960年に東京側から船橋インターチェンジまで開通し、1964年まで谷津（現・花輪）インターチェンジまで延び、1966年に幕張インターチェンジまで延伸した。

ロッキードスターライナー
閉園直前の谷津遊園には、本物の飛行機も展示されていた。新潟でレストランになっていたロッキードスターライナーL1679Aで、閉園により姿を消した。

SURF JET（海上コースター）
谷津遊園の名物だった海上コースターは、全長670メートルのうち、170メートルの部分が谷津干潟の上にせり出して走行していた。また、日本初の宙返りコースター・コークスクリューも人気があった。

大観覧車
園内や千葉の海が見渡せた大観覧車。渥美清が主演した『男はつらいよ　花も嵐も寅次郎』のロケ地となり、ポスターの背景として撮影されている。

谷津遊園
この谷津遊園は、東京ディズニーランドの開園前、船橋ヘルスセンターと並ぶ、千葉の人気遊園地だった。1982年に閉園し、現在は谷津バラ園だけが残されている。

現在

谷津遊園の施設として、唯一残された谷津バラ園。

「谷津海岸」「谷津遊園」の駅名時代も
谷津駅

開業年：1921（大正10）年7月17日　　所在地：習志野市谷津5－4－5
路線距離：28.2km（京成上野起点）　乗降人員：10,824人　駅構造：橋上駅　ホーム：1面2線

1981年（昭和56年）

1972年から谷津遊園で運行されていた新交通システム(VONA)の実験線。遊園地内の380メートルの軌道を周回していた。

　現在も南（海）側に谷津干潟が存在する谷津駅は「谷津海岸」の駅名で開業し、その後は「谷津遊園」の駅名を名乗っていた時期もあった。海岸線が近かった時代には、春の潮干狩りや夏の海水浴ともに、レジャー施設で有名だった谷津遊園を訪れる人々も多く、一部の人々には懐かしい駅のひとつである。

　谷津駅は1921（大正10）年7月、「谷津海岸」の駅名で開業している。1936（昭和11）年4月、「谷津遊園」に改称、1939年頃に戦時下という理由で「谷津海岸」駅となった。戦後の1948（昭和23）年4月、再び「谷津遊園」の駅名に変わり、1984年11月からは、現在の「谷津」の駅名となった。

　その間、1925年に京成遊園地（谷津遊園）が開園したことで、本線上に花輪（現・船橋競馬場）駅が開設され、谷津遊園地駅に至る京成谷津支線が1927（昭和2）年8月に開業し、1931年10月に運転を休止、1934年6月に廃止されている。谷津遊園は1982年に閉園し、現在は谷津パークタウン、谷津バラ園などに変わっている。

　谷津バラ園は、1957年に開園し、当時は東洋一と称された規模だった。1965年に現在地に移転し、1982年にいったん閉園した後、1988年に習志野市の直営となって再スタートを切っている。

1972年（昭和47年）

本線と千葉線が分岐、新京成線と連絡
京成津田沼駅

開業年：1921（大正10）年7月17日　所在地：習志野市津田沼3-1-1
路線距離：29.7km（京成上野起点）　乗降人員：58,518人
駅構造：地上駅　ホーム：3面6線（新京成電鉄含む）

橋上駅舎となっている、現在の京成津田沼駅の南側出入り口。

　JR総武線の津田沼駅と並び、習志野市の玄関口となっているのが、この京成津田沼駅であり、習志野市役所の最寄り駅でもある。京成本線のほか、京成千葉線、新京成線が乗り入れる、京成の主要駅のひとつである。

　この京成津田沼駅の開業は1921（大正10）年7月で、当時の駅名は「津田沼」であった。このときは、現在の京成千葉線である京成船橋～京成千葉（現・千葉中央）間の途中駅であり、1926年12月に、現在の京成本線の津田沼～酒々井（現・京成酒々井）が開業し、連絡駅となった。1931（昭和6）年11月、現駅名である「京成津田沼」に改称している。戦後の1953（昭和28）年には、新京成線が開業し、連絡駅となった。

　現在の駅の構造は島式ホーム3面6線を有する地上駅で、橋上駅舎を有している。駅の南側では、サンロード津田沼ビルと接続している。

　駅の南側には習志野市役所のほか、習志野第一病院があり、古くは鷺沼氏の居城だった「鷺沼城跡公園」も存在する。また、北西には千葉工業大学のキャンパスが広がるが、ここはかつて鉄道第二連隊が置かれていた場所である。

本線、千葉線の分岐駅であり、新京成線とも連絡しているため乗り換え客で賑わっていた。停車しているモハ20形は青電の基礎を築いたスタイルをしている。

撮影・竹中泰彦

1960年（昭和35年）

千葉県道204号
津田沼駅を起点とする千葉県道204号は、津田沼停車場線と呼ばれ、しばらくは総武線に沿って走り、やがて南下して京成津田沼駅の西側に向かう。

新京成線
京成津田沼駅から新津田沼駅に向かう新京成線は、逆S字の形の路線となっている。これは、戦前の鉄道連隊時代の演習線の名残である。

総武線
津田沼駅付近の総武線は、1972年に両国～津田沼間、1981年に津田沼～千葉間が複々線化され、快速と各駅停車(普通)が走る路線が分けられた。

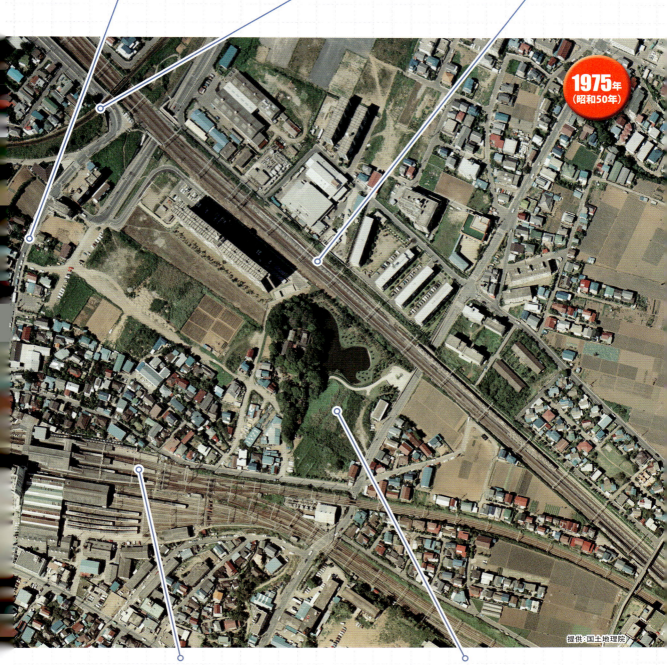

1975年（昭和50年）

京成津田沼駅
京成津田沼駅は1921年に津田沼駅として開業、1931年に現在の駅名となった。当初は千葉方面に延びる現・千葉線上にあり、1926年に津田沼～酒々井(現・京成酒々井)間の京成本線が分岐している。

菊田神社・菊田水鳥公園
平安時代の貴族、藤原時平が祀られている菊田神社は、久久田大明神として地元で崇敬されてきた。現在は隣接して、野鳥が集まる菊田水鳥公園が整備されている。

提供：国土地理院

1955年に八千代台団地、翌年に駅
八千代台駅

開業年：1956（昭和31）年3月20日　所在地：八千代市八千代台北1
路線距離：36.6km（京成上野起点）　乗降人員：46,514人　駅構造：橋上駅　ホーム：2面4線

ユアエルムが建つ八千代台駅東口。

　駅の東側は千葉市花見川区であり、西側は習志野市となっているのが、八千代市の玄関口である八千代台駅。国道296号が通る大和田新田に位置する八千代市役所からは少し距離が離れた、同市南部にあり、駅の西側を千葉県道262号が走っている。

　八千代台駅の開業は1956（昭和31）年3月。比較的新しい駅で、当時は西口のみ開かれていた。1969年に橋上駅舎が完成し、東口も開かれた。その後、1993（平成5）年12月に駅舎が改築されている。現在の駅舎は、島式ホーム2面4線を有する地上駅であり、橋上駅舎をもつ。

　「八千代」という地名は、1954年に大和田町と睦村が合併する際に公募で選ばれたものである。翌1955年から、日本住宅公団（現・UR）により日本初の大規模住宅団地「八千代台団地」の建設が始まりこれに合わせて、京成本線に八千代台駅が開業した。

　それ以前、このあたりは「習志野原」と呼ばれ、戦前には陸軍の施設が数多く存在していた。その跡地のひとつは、駅北西に広がる「陸上自衛隊習志野駐屯部隊演習地」となっている。また、少し距離は離れているが、東京や千葉の人々にはなじみの深い興真（コーシン）乳業の工場が駅北側に存在している。

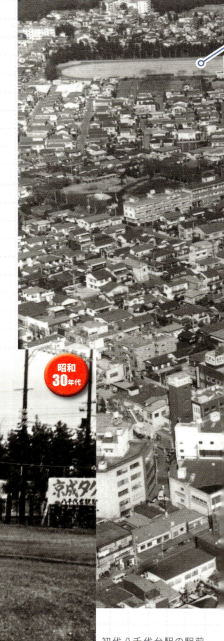

初代八千代台駅の駅前広場、ロータリー。八千代台団地が建設された西口側に存在した。右側に京成タクシーの看板が見える。

日本IBM八千代台グラウンド
ラグビーのトップリーグに所属する「日本IBMビッグブルー」の練習グラウンドが、八千代台駅の北東に存在する。

八千代台東子供の森
八千代台駅と京成大和田駅の中間付近、京成本線の南側に広がる。森の中に子どもが遊べるアスレチック、木馬、シーソーなどの遊具がある。

京成サンコーポ八千代台
1977年に建設された京成サンコーポ八千代台は、12階建て218戸のマンションで、八千代台駅から徒歩1分という至近距離が売り物だった。

1981年（昭和56年）

アピア八千代デパート
八千代台駅西口に店を構える「アピア八千代デパート」は1974年、新しく地上8階、地下1階の商業ビル「八千代台アピアビル」を建設した。駅とは連絡橋で直結している。

八千代台駅
1969年に橋上駅舎となった八千代台駅を中心に八千代市の市街地が広がる。駅のホームは島式2面4線で、この当時は始発・終着となる列車も存在した。

ユアエルム
京成ショッピングセンター開発（現・ユアエルム京成）が開発した第1号店で、1977年に開店した。本館は3階、新館は8階で、八千代台駅とは屋根付きの歩道橋で結ばれていた。

勝田台中学校
八千代市立勝田台中学校は、勝田台駅の開業と同じくして1968年に開校した。日本競輪学校校長を務める元競輪の名選手、滝澤正光氏の母校でもある。

新川
印旛沼の排水を目的に開削された印旛放水路のうち、八千代市保品の阿宗橋から大和田排水機場にかけては新川と呼ばれている。

八千代高校
1952年に千葉県立佐倉第二高校大和田分校として設置され、1966年に県立八千代高校となった。高校サッカーの強豪校で、Jリーガーを輩出している。

勝田台中央公園
1971年に開園した八千代市の勝田台中央公園は、芝生広場、多目的広場のほか、小体育館をある。2015年に改修工事が完成した。

現在

京成と東葉高速線が接続する勝田台駅の駅前風景。

勝田台駅

1968年に開業、東葉高速線に接続

開業年：1968(昭和43)年5月1日　　所在地：八千代市勝田台1-8-1
路線距離：40.3km（京成上野起点）　乗降人員：54,396人　駅構造：地上駅　ホーム：2面2線

　八千代市と佐倉市の境目に位置する勝田台駅は、東葉高速鉄道東葉高速線の東葉勝田台駅との接続である。駅の北側を京成本線と並行する形で、成田街道(国道296号)が走り、西側の下市場交差点で千葉県道16号と交わっている。

　勝田台駅の開業は、1968(昭和43)年5月である。1996(平成8)年4月、東葉高速線の東葉勝田台駅が開業した。開業当初は橋上駅舎をもつ地上駅の構造だったが、東葉高速線開業後の1997年3月、コンコース、改札口は地下に変わり、東葉勝田台駅とは地下で接続する形となった。

　「勝田台」という地名は、江戸時代から勝田村が存在したことによる。「勝田」の「勝(かち、かつ)」は崖(がけ)を表し「た(処)」と合わせて、崖地であったことを示している。もともとは竹藪などがある土地だったが、昭和40年代前半から、千葉県住宅供給公社による駅南側の勝田台団地の開発が行われ、その後に駅周辺を含めて次々と宅地化が進んでいった。駅の南西には、サッカーの名門校として知られる、千葉県立八千代高校が存在する。

1973年(昭和48年)

1968年(昭和43年)

撮影：石本祐吉

開業当日の勝田台駅の風景である。上り線ホーム側に仮駅舎が設けられていた。出札口には2台の自動券売機も設置されていた。

緑のユーカリが植樹され、駅名が誕生
ユーカリが丘駅

開業年：1982（昭和57）年11月1日　所在地：佐倉市ユーカリが丘4－8－2
路線距離：43.2km（京成上野起点）　乗降人員：22,446人　駅構造：橋上駅　ホーム：2面3線

「こあら」の愛称があるユーカリが丘線の1000形。当線は2017年で開業35周年を迎えた。

　成田街道（国道296号）と並行して進む京成本線は、佐倉市内に入り、志津駅を過ぎて、ユーカリが丘駅に至る。この駅の北側、成田街道を越えた場所には、ユーカリが丘の住宅地が広がり、和洋女子大学の佐倉セミナーハウスが存在する。
　このユーカリが丘駅は1982（昭和57）年11月に開業した新しい駅である。この駅からは不動産事業者、山万が運営するラケット型の新交通システム「山万ユーカリが丘線」が北に伸び、地区センター、公園、女子大、中学校、井野の各駅が存在する。
　駅北側に広がる「ユーカリが丘」の地名、駅名は、この山万が1971（昭和46）年から開発を始めたニュータウンに由来する。「ユーカリ」は、オーストラリアなどに樹木で、コアラの食料としても知られる。ここには、緑豊かな街を目指して、ユーカリの植樹が行われたことから地名が生まれた。付近には「井野」「井野町」のような古くからの地名も残され、佐倉市立井野小学校、井野中学校も存在している。駅南側には、千葉県立佐倉西高校、東邦大学佐倉病院、佐倉看護専門学校などがある。
　京成のユーカリが丘の構造は、2面3線のホームを有する地上駅で、橋上駅舎が存在する。1番線は待避線で、ラッシュ時を中心に使用されている。駅の北口には、ユーカリとは縁の深い親子のコアラの像が設置されている。また、山万のユーカリが丘駅は単式ホーム1面1線の高架駅である。京成の駅とは、北口から連絡通路で結ばれている。

地区センター駅
この地区センター駅は、山万ユーカリが丘線の開通から遅れること10年、1992年12月に開業することとなる。現在は大規模ショッピングセンターや繁華街が出来て終日賑やかである。

ユーカリが丘ニュータウン（看板）
佐倉市のユーカリが丘は、不動産会社の山万が開発したニュータウンで、1979年から分譲が開始された。この当時も「ユーカリが丘ニュータウン建設工事」の看板が見える。

山万ユーカリが丘線
不動産会社、山万が運営するラケット状の線形のAGT（自動案内軌条式旅客輸送システム）である山万ユーカリが丘線は、この翌年の1982年に開業する。1983年からは、環状運転を開始している。

ユーカリが丘駅
建設中の山万ユーカリが丘線のユーカリが丘駅である。1982年11月、同時に南西に、京成本線にユーカリが丘駅が設置され、連絡することとなる。

国道296号
江戸時代の成田街道である国道296号は、このユーカリが丘駅付近までは京成本線に沿って走っている。現在は新道も開通している。

「祝新設開業」の看板や花輪が飾られている京成、山万ユーカリが丘線のユーカリが丘駅。2つの駅舎が仲良く並んでいる。

船戸大橋
かつては臼井村の舟戸と印旛村の師戸との間に、「舟戸の渡し」が存在した。1963年に船戸大橋が完成し、車での行き来ができるようになった。

印旛沼
利根川下流の右岸にある印旛沼は、戦後の干拓により、現在は北部調節池（北印旛沼）と西部調節池（西印旛沼）に分かれている。農業用水、工業用水として利用されるほか、コイ、フナの内水面漁業も行われている。

印旛沼取水場
西印旛沼から、千葉県営水道、印旛沼広域水道の水道用水を取水し、柏井浄水場に送っている。

千葉県内水面水産研究センター
千葉県内水面水産研究センターでは、手賀沼、印旛沼における魚介類相調査や地元の漁場環境保全活動の技術指導などを行っている。

千葉県道64号
千葉市から印西市に至る千葉県道64号は、臼井付近では佐倉街道と呼ばれている。船戸大橋で印旛沼を渡ることとなる。

印旛沼浄水場
印旛沼の用水を浄水し、東日本製鉄所（千葉地区）などの京葉工業地帯の工業用水として送水を行っている。

現在

オランダ風車のある佐倉ふるさと広場。この京成臼井駅が最寄り駅である。

佐倉惣五郎の伝説、長嶋茂雄氏の故郷
京成臼井駅

開業年：1926(大正15)年12月9日　所在地：佐倉市王子台3-30-3
路線距離：45.7km(京成上野起点)　乗降人員：20,840人　駅構造：橋上駅　ホーム：2面2線

　義民、佐倉惣五郎(宗吾)の伝説が残る印旛沼の南側にあるのが京成臼井駅であり、お隣のユーカリが丘駅とはそれほど距離は離れていない。かつて、京成臼井駅から先の京成本線は、沼にすぐ近い場所を走っていたが、その後の干拓により、現在はその間に印旛沼浄水場、印旛沼取水場などが置かれている。

　京成臼井駅は1926(大正15)年12月、「臼井」の駅名で開業している。当初の駅は現在の場所から580m東の佐倉側にあった。1931(昭和6)年11月、現在の駅名である「京成臼井」に改称している。1978(昭和53)年に現在地に移転して橋上駅舎となり、1996(平成8)年、南側に駅ビルが誕生した。現在の駅の構造は、相対式ホーム2面2線を有する地上駅で、橋上駅舎をもつ。

　「臼井(うすい)」の地名、駅名は、「(うし)憂し・(い)井」に由来する。豪雨の際に印旛沼が氾濫し、浸水する不安定な土地という意味だった。江戸時代以前には、臼井氏の居城である臼井城が存在したが、佐倉城の築城でその役目を終えている。その後は、成田街道の宿場町となり、1889(明治22)年に白井村、臼井田村などが合併して、臼井町が成立。1954年に合併により、佐倉市の一部となった。また、この臼井は「ミスタージャイアンツ」の長嶋茂雄氏の故郷としても知られる。

1978年（昭和53年）

京成本線
京成臼井駅付近の京成本線は、印旛沼の南側に沿って進むため、大きくカーブしている。東側では、印旛沼に流入する鹿島川を渡ることとなる。

昭和30年代

現在地に移転する前、小さな木造駅舎だった頃の京成臼井駅。戦前、既に「京成臼井」に駅名改称されていたが、旧駅時代の看板が使われていた。

初詣で賑う、成田山新勝寺の玄関口
京成成田駅

開業年：1930（昭和5）年4月25日　　所在地：成田市花崎町814
路線距離：61.2km（京成上野起点）　乗降人員：35,933人　駅構造：地上駅　ホーム：3面3線

成田山新勝寺の参拝客を迎える京成成田駅。

JR成田駅とともに、初詣などで賑う成田山新勝寺の玄関口となっているのが、京成成田駅である。1926（大正15）年12月、津田沼から成田への延伸が成されたときは、現在の駅より南西約400m離れた位置での開業で、「成田花咲町」という駅名の仮駅であった。1930（昭和5）年4月、現在地へ延伸し、「成田」の駅名となった。1931年11月、現在の駅名である「京成成田」と改称している。

1958（昭和33）年9月、和風の駅舎が誕生した。1967年に駅舎の改良工事が行われた。1978年5月には、成田空港（初代、現・東成田）駅への延伸が実現し、途中駅となっている。現在の駅の構造は、3面3線の地上駅で、2・3番線、4・5番線でホームを共有している。

駅の北側にある成田山新勝寺は、真言宗豊山派の大本山のひとつで、古くから「成田不動」「成田山」として親しまれてきた。江戸時代には、江戸において「出開帳」も行われ、現在も深川に「成田山深川不動堂」があるほか、全国にその名を冠した別院が存在する。交通安全、家内安全を祈願する人々の中には、著名人も多く、中でも「成田屋」を名乗る歌舞伎の市川宗家、歴代の市川団十郎、海老蔵の信仰は有名である。

成田山表参道
成田駅から成田山新勝寺に続く約800メートルの表参道には、名物のうなぎ料理、土産物などを扱う店が並び、観光客に人気となっている。

改築される前の京成成田駅の駅舎で、波風の下に京成の社紋がのぞく。谷津遊園の「花まつり童話人形」の看板があり、コート姿の人々が歩く冬の風景である。

京成本線
京成成田駅が終点駅だった京成本線は、1978年5月21日に成田空港駅（初代）へ延伸するため、この当時は建設工事が行われていた。

国道51号
千葉市から水戸市に至る国道51号は、成田駅、京成成田駅の東側を北東に向かって進んでゆく。沿道に成田市役所が置かれている。

成田市役所
1954年に成田町、公津村など1町6村が合併して、成田市が成立した。当初は、旧成田町役場を市庁舎として使用していたが、1958年に新しい市庁舎が完成した。

1977年（昭和52年）

国鉄成田駅
1897年に成田鉄道の駅として開業し、1920年に国鉄の駅となった。この当時は旧駅舎で、1979年に現在の橋上駅舎となった。

京成成田駅
1925年に成田花咲町駅（仮駅）が開業し、1930年に成田（現・京成成田）駅が開業した。国鉄の成田駅とともに、成田山新勝寺へ向かう参拝客の窓口となってきた。

日本航空

日本航空（JAL）は1951年、日本政府の主導による半官半民の会社として設立された航空会社である。「鶴丸」のロゴは、1959年から使用されており、一時は変更されていたが、2011年に復活した。

サテライト

この第一ターミナルでは、空港ビルから延びた通路の先に円形のサテライトが設けられ、それを取り囲むように航空機が駐機している。

第一ターミナル

1978年の開港以来、使用されているオリジナル施設で、北ウイングを日本航空など、南ウイングをパンアメリカン航空などが使用していた。

現在 在来線最速の時速160キロ運転を行う京成の看板列車AE形「スカイライナー」。通勤時には本線経由の「モーニングライナー」や「イブニングライナー」にも使用される。

首都の空の玄関
成田国際空港最寄り駅
成田空港駅

開業年：1991（平成3）年3月19日　所在地：成田市三里塚御料牧場1-1
路線距離：69.3km（京成上野起点）　乗降人員：23,847人　駅構造：地下駅　ホーム：2面3線

　首都・東京の空の玄関口のひとつ、成田国際空港へのアクセス駅としては現在、この成田空港駅とともに、空港第2ビル駅、東成田（初代成田空港）駅の3駅が存在する。第1ターミナルにはこの成田空港駅が便利である、第2、第3ターミナルへは空港第2ビル駅を利用する人が多い。

　現在の成田空港駅（二代目）は、1991（平成3）年3月の開業である。このとき、京成成田駅からこの駅に至る、成田空港高速鉄道が開業したことで、この新ルートを使って、京成本線、JR成田線がともに新しい成田空港駅に乗り入れるようになった。京成ではその後、2010年7月に北総鉄道経由で、都心から成田空港を結ぶ成田スカイアクセス線（成田空港線）が開業し、利用客はさらに便利になっている。

　一方、このことで、1978年5月、「成田空港」（初代）として開業した駅は「東成田」と駅名を改称している。それまで、京成成田～成田空港（初代）間の京成本線だった路線は、東成田線となった。2002年10月、この東成田線を延伸する形で、芝山鉄道線が開業し、芝山千代田駅が誕生している。また、成田空港第2ターミナル、第3ターミナルに向かう、空港第2ビル駅は1992年12月に開業している。

1978年（昭和53年）

都営地下鉄線経由京浜急行線区間への乗車券（1973年）。

現在

京成電鉄の成田空港駅からは、京成本線経由とスカイアクセス線経由の2つのルートで都心と結ばれており、都営地下鉄・京急電鉄経由で羽田空港に直通する列車も運行されている。

新京成、北総鉄道、東武野田線と接続
新鎌ケ谷駅

現在も新鎌ケ谷駅の駅前周辺では開発が進められている。

開業年：1991（平成3）年3月31日　所在地：鎌ケ谷市新鎌ケ谷1-13-1
路線距離：12.7km（京成高砂起点）　乗降人員：4,356人　駅構造：高架駅　ホーム：2面4線

　新鎌ケ谷駅は、東武野田線、新京成線、北総鉄道線、京成成田空港線（成田スカイアクセス）が利用する駅である。戦前に開通した東武野田線（当時は北総鉄道船橋線）が最も早く、新京成線が続いて路線を設けた。1979（昭和54）年3月、北総開発鉄道（現・北総鉄道）北総線が開業し、新鎌ケ谷に信号所が置かれた。1989（平成元）年11月には、東武野田線にも新鎌ケ谷信号所が設置されている。

　駅の設置は、現在の北総鉄道が最も早く1991年3月、北総・公団線時代に京成高砂〜新鎌ケ谷間が開通し、新鎌ケ谷駅が開業した。1992年7月には新京成線、1999年11月には東武野田線にそれぞれ新鎌ケ谷駅が誕生している。2010年7月、京成成田空港線（成田スカイアクセス）の開業で、新たに京成の駅が加わった形である。

　この新鎌ケ谷駅の南東には、鎌ケ谷市役所が置かれており、その北側にアクロスモール新鎌ケ谷が誕生するなど、周辺では開発が進んでいる。なお、東武野田線には鎌ケ谷駅、新京成線には鎌ケ谷大仏駅が存在するが、両駅とも少し距離が離れている。この新鎌ケ谷駅の南西には、プロ野球の日本ハムファイターズのファイターズタウン鎌ケ谷球場が存在する。

かつての新鎌ケ谷駅付近の風景。丘陵を掘り込んだ線路構造である。新京成線とは交差するものの当時の連絡手段としては鎌ケ谷駅と初富駅間を歩くしかなかった。
撮影：矢崎康雄

新鎌ケ谷駅（現在）
1955年に新京成線が開通し、東武野田線との交差が生まれた。1979年に北総鉄道北総線が開通し、新駅を前提として信号所が設置されたことが、後の新鎌ケ谷駅、鎌ケ谷市の発展につながった。

1900年（昭和00年）

提供：国土地理院

東武野田線
現在は「東武アーバンライン」と呼ばれる東武野田線は、1911年に千葉県営鉄道として一部が開業。旧・北総鉄道、総武鉄道時代に延伸し、1944年に東武鉄道の一部（野田線）となった。

新京成線
新京成鉄道京成線は、旧鉄道連隊の演習線を利用して1947年にまず新津田沼～薬園台間が開業した。その後、延伸を重ね、1955年に松戸駅までの区間が全通している。

国道464号（現在）
現在の国道464号は1993年に一般国道に指定されている。それまでは、千葉県道58号鎌ケ谷市川停車場線、県道302号鎌ケ谷本埜線などと呼ばれていた。

戸神川防災調節池
北総花の丘公園には、南北に細長い戸神川防災調節池が存在し、オオハクチョウ、メジロ、モズなどが見られる、バードウオッチングの場所として知られる。

千葉ニュータウン中央駅
1984年に北総鉄道北総線（住宅・都市整備公団千葉ニュータウン線）が延伸し、終点駅として千葉ニュータウン中央駅が開業した。1995年には印西牧の原駅まで延伸した。

北総鉄道（千葉ニュータウン鉄道）
現在の北総線は1979年、北総開発鉄道の北総線（第1期）として、北初富〜小室間が開通した。当初は新京成線との相互直通運転を実施していた（1992年に廃止）。

北総花の丘公園
2000年に開園した北総花の丘公園は、「都市の景」「水の景」「道の景」「緑の景」の4つのゾーンに分かれた都市公園。広さ36.1ヘクタールで、自然のさまざまな景色に触れ合える。

国道464号
現在の国道464号は1993年に一般国道に指定されている。それまでは、千葉県道66号成田印西線、県道53号船橋松戸線などと呼ばれていた。

竹中技術研究所（現在）
千葉ニュータウン中央駅のオフィス街には、竹中技術研究所が存在する。1969年に江東区に設置され、1993年に印西市に移転した。

ニュータウンから都心へ通勤客が利用
千葉ニュータウン中央駅

開業年：1984（昭和59）年3月19日　所在地：印西市中央南1−1390−1
路線距離：23.8km（京成高砂起点）　乗降人員：4,823人　駅構造：橋上駅　ホーム：1面2線

1984年（昭和59年）

　千葉ニュータウン中央駅は1984（昭和59）年3月、印西市・臼井市・船橋市の3市にまたがる千葉ニュータウンの玄関口として、北総開発鉄道に開業した。ここは住宅・都市整備公団（現・UR）により開発された千葉ニュータウンの中心部にあたり、いくつかの商業施設への玄関口となっている。2010（平成22）年7月、京成成田空港線（成田スカイアクセス）の開業で「アクセス特急」の停車駅となった。

　現在の千葉ニュータウン中央駅の構造は、島式ホーム1面2線の地上駅で、橋上駅舎を有している。駅周辺は印西市であり、西側は臼井市となる。この千葉ニュータウン中央駅付近では、北総線は国道464号の上下線に挟まれる形で、北東に進んでゆく。駅の東側には、千葉県道61号と交差する多々羅田インターチェンジが存在する。

　駅周辺は、千葉ニュータウンの中央にあたり、イオンモール千葉ニュータウン、県立北総花の丘公園、多々羅田公園、東京電機大学、東京基督教大学のキャンパスなども存在する。印西市役所は、駅から離れた北東に置かれている。また、西側には、船橋カントリー倶楽部がある。

1989年（平成元年）

始発列車が停車している千葉ニュータウン駅のホーム、駅舎。島式1面2線の広いホームを有し、橋上駅舎となっている。

撮影：荻原二郎

京成高砂駅　1958（昭和33）年　➡ 98ページ

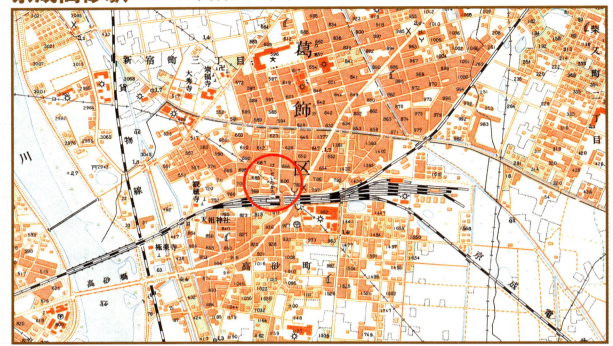

地図の左側、中川沿いに南北に通っている貨物線は、金町駅と新小岩駅を結ぶ国鉄の新金貨物線である。京成本線はこの線路を越えて、京成高砂駅に至る。この京成高砂駅では、北に進む京成金町線と京成本線が分かれるが、その中間の東側に、高砂検車区が置かれている。1912年に高砂車庫が誕生し、長く京成線の拠点となってきた。「曲金」と呼ばれた高砂周辺には古い神社仏閣もあり、極楽寺、天祖神社が見える。

京成津田沼駅　1959（昭和34）年　➡ 108ページ

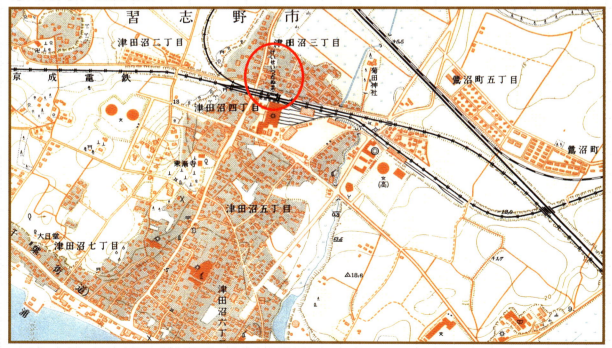

この時代の京成津田沼駅の南側は、千葉街道（国道14号）付近に海岸線があった。現在は埋め立てによって陸地が広がり、京葉道路、東関東自動車道などとともに、JR京葉線が通り、新習志野駅が置かれている。京成津田沼駅の南東には、習志野市の市庁舎が存在する。その東側には県立習志野高校があったが、1975年に東習志野に移転している。駅の北東、菊田神社のそばには「菊田水鳥公園」が開園している。

主要駅周辺の地図（6）

八千代台駅　1961（昭和36）年　➡ 110ページ

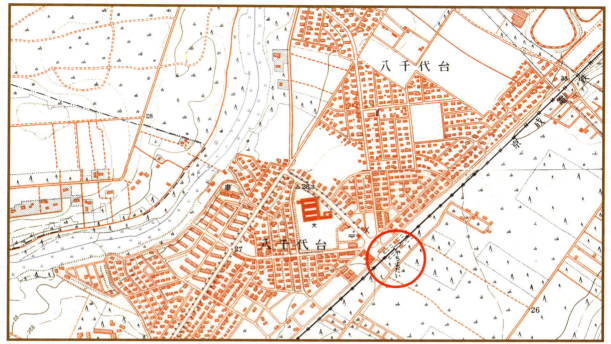

1956年に開業して間もない頃の八千代台駅周辺の地図であり、京成本線の北西側に住宅地が開発されている。駅前からは、放射状に道路が伸び、1957年に八千代町立（当時）八千代台小学校が開校している。現在は、西側に八千代台西小学校、八千代台西中学校が存在する。一方の南東側では、まだほとんどが農地のままだが、その後に道路整備、宅地開発が実施され、千葉市との境界付近に八千代台東小学校が開校している。

勝田台駅　1959（昭和34）年　➡ 112ページ

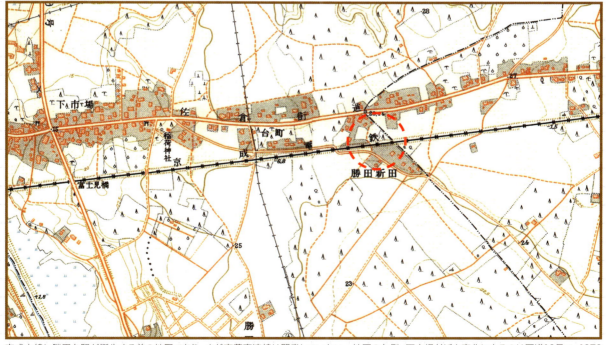

京成本線に勝田台駅が誕生する前の地図であり、まだ東葉高速線は開業していない。地図の左側、下市場付近を南北に走るのは国道16号で、1970年代に整備された新しい道路である。京成本線の北側を東西に走るのは佐倉街道（国道296号）である。地図全体に農地が広がっており、新田開発された「勝田新田」の文字も見える。現在は、駅の南西に県立八千代高校、南側に八千代市立勝田台小学校が開校している。

【著者プロフィール】
生田 誠（いくた まこと）
1957（昭和32）年、京都市生まれ。
東京大学文学部美術史学専修課程修了。全国紙記者として東京本社・大阪本社の文化部に勤務。現在は地域史研究家。集英社、学研パブリッシング、河出書房新社、彩流社、アルファベータブックス等から著書多数。

【写真撮影・提供】
朝日新聞社、池田 信、石本祐吉、伊藤威信、梅本義則、荻原二郎、高橋義雄、竹中泰彦、長渡 朗、野口昭雄、矢崎康雄、柳川知章、山田虎雄、国土地理院、京成電鉄、毎日新聞社
※特記のない空撮写真は、朝日新聞社機による撮影です。

朝日新聞社機が撮った
総武線、京成線の街と駅
【1960～80年代】

2017年8月10日　第1刷発行

文	生田 誠
写真	朝日新聞社
発行人	高山和彦
発行所	株式会社フォト・パブリッシング
	〒161-0032　東京都新宿区中落合2-12-26
	TEL.03-5988-8951　FAX.03-5988-8958
発売元	株式会社メディアパル
	〒162-0813　東京都新宿区東五軒町6-21（トーハン別館3階）
	TEL.03-5261-1171　FAX.03-3235-4645
デザイン・DTP	柏倉栄治（装丁・本文とも）
印刷所	株式会社シナノパブリッシング

ISBN978-4-8021-3066-0 C0026

本書の内容についてのお問い合わせは、上記の発行元（フォト・パブリッシング）編集部宛てのEメール（henshuubu@photo-pub.co.jp）または郵送・ファックスによる書面にてお願いいたします。